Wilfried Reiter

Die nackte Wahrheit über Projektmanagement

Wilfried Reiter

Die nackte Wahrheit über Projektmanagement

orell füssli Verlag AG

2. Auflage 2004

© 2003 Orell Füssli Verlag AG, Zürich
www.ofv.ch
Alle Rechte vorbehalten

Umschlagabbildung: gettyimages (Spike Mafford)
Umschlaggestaltung: Cosmic Werbeagentur, Bern
Druck: fgb • freiburger graphische betriebe, Freiburg i. Brsg.
Printed in Germany
ISBN 3-280-05018-9

———

Bibliografische Information Der Deutschen Bibliothek
Die Deutsche Bibliothek verzeichnet diese Publikation in der Deutschen
Nationalbibliografie; detaillierte bibliografische Daten sind im Internet über
http://dnb.ddb.de abrufbar.

Inhalt

11

Vorwort

Wenn alle lügen wie gedruckt, heißt das Projektmanagement.

ZYNISCHER PROJEKTLEITER

Jeder erfahrene Projektleiter ist es gewohnt, dass man ihm auf gut Deutsch die Hucke voll lügt. Der Auftraggeber lügt ihn an: «Sie bekommen die volle Unterstützung aller Bereiche für Ihr Projekt!» Ein erfahrener Projektleiter weiß: Das wäre das erste Mal! Ein erfahrener Projektmanager weiß auch, dass einige Projektmitglieder ihn schamlos belügen: «Jaja, das Arbeitspaket ist bis Montag erledigt. Ganz sicher!» Ebenso sicher wartet der Projektmanager am Freitag immer noch darauf. Die Lieferanten lügen: «Wir liefern die vereinbarte Qualität!» Sie tun es nicht. Die Kunden lügen: «Genau so wollen wir das!» Drei Stunden später klingelt der erste Änderungswunsch in der Mailbox.

Derartige Halbwahrheiten und ganzen Lügen sind erfahrene Projektleiter schon so gewohnt, dass die alltäglichen Schwindeleien im Projekt sie kaum mehr aus dem Konzept bringen. Das ist ein Vorteil. Ein großer Nachteil ist jedoch, dass sie sich bereits so an diese vergleichsweise kleinen Lügen gewöhnt haben, dass ihnen die dicken, großen, fetten Lügen nicht mehr auffallen. Doch diese haben es in sich: Sie sind es, die Projekte ausbremsen und zum Scheitern bringen. Die ganze (Business-)Welt weiß inzwischen, dass 75 Prozent aller Projekte scheitern oder viel zu teuer, zu spät oder mit unbefriedigenden Ergebnissen abgeschlossen werden.

Doch die wenigsten wissen, warum so viele Projekte scheitern. Die meisten tippen auf die mangelnde Erfahrung der Projektleiter, auf technische Probleme oder zu knappe Termine. Das alles sind Hindernisse für den Projekterfolg. Doch sie können heutzutage ohne weiteres überwunden werden. Wenn jedoch selbst Projekte mit realistischen Terminen, üppigem Budget, den erfahrensten Projektleitern und motiviertesten Teams scheitern oder in Schwierigkeiten geraten, muss auch dem Naivsten klar werden, dass es einen anderen Grund für die Projektmisere geben muss. Dieser Grund sind die Projektlügen.

Seit über fünfzehn Jahren bin ich im Projektmanagement (PM) tätig. Seit über zehn Jahren berate, coache und trainiere ich Projektleiter und ihre Vorgesetzten in Unternehmen aller Größen und Branchen. In dieser Zeit habe ich keinen einzigen Projektbeteiligten kennen gelernt, der auf Anhieb gewusst hätte, auf welche Projektlügen er heute wieder hereingefallen ist. Die traurige Wahrheit ist: Wir merken es meist gar nicht, wenn man uns zum Besten hält! Denn die Lügen sind gut getarnt.

Dabei ist die Sache recht einfach: Hinter jeder Schwierigkeit, in der Ihr Projekt sich zurzeit befindet, steckt (mindestens) eine fette Projektlüge. Hinter jedem Problem versteckt sich eine Lüge. Wenn Projekte in Schwierigkeiten stecken, kommen die Projektbeteiligten zu mir. Wir durchleuchten dann im Seminar, im Coaching oder bei der Beratung die Probleme und entlarven die Projektlügen dahinter. Und jedesmal, wenn wir wieder eine Lüge entlarvt haben, sagen die Beteiligten: «Eigentlich hätten wir uns das denken können. Eigentlich haben wir uns das immer schon gedacht!»

Warum haben sie nicht danach gehandelt? Weil diese Projektlügen so unglaublich sind, dass wir es nicht fassen können, dass man uns so unverschämt belügt. Wir ahnen zwar, dass etwas nicht stimmt, doch unser Verstand weigert sich, die Projektlügen als solche zu erkennen, weil sie so gigantisch sind. Oder wie ein Projektleiter aus Berlin sagt: «Die Wahrheit ist zu schrecklich.»

Keine der folgenden 33 (es gibt noch weitaus mehr!) häufigsten Projektlügen wird Sie überraschen. Bei jeder einzelnen werden Sie denken oder sagen: «Das habe ich mir auch schon gedacht! Aber was soll man machen?» Nicht länger auf die Lügen hereinfallen – ich zeige Ihnen auf den folgenden Seiten anhand vieler Praxisbeispiele, wie das geht.

Wenn 75 Prozent aller Projekte scheitern, nicht on time, on budget oder on target ankommen, dann bedeutet dies, dass von jedem für ein Projekt ausgegebenen Euro 75 Cent rausgeworfenes oder ineffizientes Geld sind. Welche Milliardenbeträge da jährlich den Gully runtergehen! So teuer sind Projektlügen!

Es wird viel Geld investiert in PM-Seminare, Trainings und Handbücher. Das ist alles nötig und gut. Doch solange Projektlügen weiter Ihr Projekt kaputtmachen, wird sich nichts wesentlich ändern. Solange Sie weiter auf Lügen hereinfallen, ist jedes PM-Seminar lediglich eine Beruhigungspille. Eine Symptomtherapie, die ganz nett ist, aber nicht das Problem löst, weil sie nicht die Lügen entlarvt.

Erkennen Sie die 33 häufigsten und schädlichsten Projektlügen, entlarven Sie sie und stellen Sie sie ab. Sie werden sehr viel besser, schneller, kostengünstiger und renditestärker in Ihren Projekten arbeiten. Vor allem werden Sie sehr viel mehr Spaß und persönlichen Erfolg in der Projektarbeit erleben.

Lohnende Ziele, finden Sie nicht auch?

Gehen wirs an.

Teil I:
Die Wahrheit über Projekte

1. Projekte lösen keine Probleme

Wir alle glauben, dass Projekte Probleme lösen.

Sie tun es nicht.

Die Basis kennt die Wahrheit

Wir alle glauben ganz automatisch, dass Projekte Probleme lösen: Sinkt die Kundenbindung? Wir brauchen ein Kundenbindungsprojekt! Sind die Kosten zu hoch? Wir starten ein Kosteneinsparungsprojekt! Sind die Prozesse zu träge, marktfern und ineffizient? Wir brauchen ein Projekt zur Prozessoptimierung! Welche Annahme steckt hinter all diesen Projekten? Die Annahme, dass das Projekt tatsächlich das Problem löst. Das tut es jedoch nicht. Die Annahme ist schlicht eine Lüge. Und im Grunde wissen wir das alle oder ahnen es zumindest. Oder kennen Sie auch nur ein einziges Kundenbindungs-, Kosteneinsparungs- oder Prozessoptimierungsprojekt, welches seine Ziele vollinhaltlich erreicht hätte? Und das, ohne Schäden zu verursachen, die größer sind als sein Nutzen? Wenn wir ehrlich sind: Solche Projekte gibt es nicht oder extrem selten. Die Stimmung an der Basis spricht eine deutliche Sprache.

Sagt ein Fertigungsarbeiter bei einem Kfz-Bauer: «Seit zehn Jahren habe ich jährlich mindestens ein Reorganisationsprojekt erlebt. Jedes neue Projekt wird mit viel Wirbel angekündigt und hält von der eigentlichen Arbeit ab. Doch in diesen zehn Jahren hat sich nichts wesentlich geändert.»

Eine Kollegin in der Informatikabteilung eines Zulieferers sagt: «Jedes Jahr bekommen wir noch mehr Prozessinstrumente, die nicht zusammenpassen.»

Ein Redakteur eines deutschen Wirtschaftsverlags sagt: «Letztes Jahr hatten wir ein Dezentralisierungsprojekt, dieses Jahr machen wir ein Zentralisierungsprojekt – je nachdem, welcher Vorstand gerade dran ist. Bringen tut das alles wenig. Aber man ist beschäftigt. Vor allem der Vorstand.»

Typischer Unmut des kleinen Mannes? Nein, denn das Management teilt hinter vorgehaltener Hand diese Meinung:

Ein Werksleiter des eben erwähnten Kfz-Bauers sagt: «Am Anfang eines Projektes möchte man die Prozesse einfacher und schneller machen. Am Ende sind sie es auch – für eine einzige Anwendung. Alle anderen 200 Anwendungen werden noch komplizierter als zuvor.»

Eine Bereichsleiterin eines Handelsunternehmens meint: «Unser letztes Prozessoptimierungsprojekt hat viele Probleme beseitigt – leider nicht jene, die es hätte beseitigen sollen.»

Der Holzweg

Nun ist uns allen, die wir ein wenig Erfahrung mit Projekten haben, die schlimme Misere gerade bei internen Projekten bekannt. Erkennen wir deshalb die Lüge, die dahinter steckt? Nein. Denn wir lassen uns von Pseudoerklärungen blenden, welche das Projektversagen erklären sollen (und dabei die Lüge schützen): «Die Mitarbeiter haben eben nicht mitgezogen.» – «Das Topmanagement zeigte zu wenig Commitment.» – «Diese Methode funktioniert bei uns einfach nicht.»

Diese Begründungen stimmen alle bis zu einem gewissen Grad. Doch wenn beim nächsten Projekt – und dieses kommt bestimmt! – sich Mitarbeiter und Manager stärker einbringen, kommt ebenso wenig heraus. Spätestens dann drängt sich der Schluss auf:

Wenn ein Projekt ein Problem nicht löst, dann deshalb, weil es das Problem nicht lösen kann.

Warum kommen nur die wenigsten auf diese nahe liegende Schlussfolgerung? Die meisten Projekte können die Probleme nicht lösen, für die sie projektiert wurden. Doch

* der Projektmanager erkennt dies nicht, weil er zu wenig Zeit hat, dies zu erkennen: Er muss das Projekt organisieren!
* der Auftraggeber erkennt dies nicht oder gibt es nicht zu, weil er nicht zugeben kann, dass sein Projekt nichts taugt!
* die Teammitglieder können es nicht erkennen, weil sie nur ihre Arbeitspakete sehen: «Die da oben werden schon wissen, wozu es gut ist.»

Die Beseitigung der Lüge

Das Klügste wäre, vor dem Start eines Projektes eine einfache Frage zu stellen:

Löst unser Projekt das Problem, das es lösen soll?

Doch aus den eben genannten Gründen stellt diese Frage keiner der Projektbeteiligten. Keiner? Das stimmt nicht ganz. Denn wenn zirka 80 Prozent der internen Projekte scheitern oder unbefriedigend abschließen, muss es immerhin 20 Prozent Projekte geben, welche ihre Probleme lösen. Deren Projektmanager fallen nicht auf die erste Projektlüge herein.

Warum fallen sie nicht auf die Lüge herein? Weil bei ihnen die entscheidende Frage im PM-Handbuch geregelt und damit für alle ist: Bevor wir ein Projekt starten, unterziehen wir die Projektidee einem Validitätstest: Wir realistisch ist unsere Lösung? Wie finden Sie heraus, wie realistisch Ihre Projektidee das Problem beseitigt, das sie beseitigen soll? Indem Sie das Projekt geistig vorwegnehmen, durchspielen, simulieren, sich zwei Fragen stellen:

- Was wird das Projekt günstigenfalls bewirken? Welche Größen wird es beeinflussen? Was löst es überhaupt?
- Wird dadurch jenes Problem tangiert, das wir lösen wollen?

Im Regelfall lautet die Antwort auf die zweite Frage: nein. Die Projektidee ist also durch den Validitätstest gefallen.

Die Suche nach der korrekten Lösung: Hindernisanalyse

Die meisten Projekte fallen mit Pauken und Trompeten durch den Validitätstest. Damit sind Sie das unnütze Projekt erst mal los (falls Sie in zähen Verhandlungen den Auftraggeber davon überzeugen können, die Aussichtslosigkeit zu akzeptieren, s.u.). Doch das Problem haben Sie immer noch. Wie finden Sie das richtige Projekt für Ihr Problem? Indem Sie eine Hindernisanalyse durchführen:

Hindernisanalyse: Wenn unser Problem ist, dass wir zu wenig … haben; wenn wir also mehr … wollen – was hinderte uns bislang daran? Was steht zwischen uns und … ? Welches Hindernis?

Der Spekulationstest

Warum stellen wir uns nicht bei jedem Projekt die Hindernis-frage? Weil wir automatisch davon ausgehen, die Hindernisse bereits zu kennen! Sagt der Geschäftsführer eines Investitions-güter-Unternehmens: «Klar sinkt unsere Kundenbindung, wenn unsere Verkäufer einfach nicht genug Clienting-Kompetenz ent-wickeln!» Es stimmt zwar: Die Verkäufer können nicht gut clien-ten.

Doch eine andere Ursache lässt die Kundenbindung viel schneller sinken: Ein Mitbewerber liefert schneller als unser Investitionsgüter-Hersteller. Sieben von zehn abgesprungenen Kunden würden diese erhöhte Lieferbereitschaft als Absprung-grund angeben – wenn man sie fragen würde! Doch man fragt sie nicht, weil man den Grund für die abnehmende Kundenbindung bereits zu kennen glaubt. Deshalb mein Tipp: Unterziehen Sie Ihre bekannten Hindernisse einem Spekulationstest:

- Kennen wir unsere Hindernisse, oder glauben wir nur, sie zu kennen?
- Wie zuverlässig ist unsere Kenntnis über diese Hindernisse? Würde sie vor Gericht standhalten? Ist sie hieb- und stichfest?
- Wie reliabel ist diese Kenntnis? Das heißt, wenn wir nochmals nachsehen würden, würden wir dann zum selben Ergebnis kommen?
- Welche Hindernisse haben wir möglicherweise übersehen?
- Welche Hindernisse sind erstrangig, welche nachrangig?

Wie sagen Sies Ihrem Auftraggeber?

Sie haben nun herausgefunden, dass Ihr Projekt nicht das Prob-lem löst, das es lösen soll. Sie haben auch herausgefunden, wel-

22

ches Hindernis beseitigt werden müsste, damit das Problem tatsächlich gelöst würde. Gratuliert Ihnen Ihr Auftraggeber dazu? Sicher nicht. Denn schließlich stammt von ihm die Projektidee, welche eben durch den Validitätstest gefallen ist. Kein Auftraggeber, kein Kunde oder Topmanager ist begeistert, wenn Sie ihm sagen, dass seine Idee nicht das Problem löst, das es lösen sollte.

Sie können untaugliche Projektideen nicht einfach verwerfen. Das Problem hat eine politische Dimension. Also müssen Sie unternehmenspolitisch klug vorgehen:

1. Überrumpeln Sie den Auftraggeber (Kunde, Topmanager) nicht mit der Nachricht, dass seine Idee nicht löst, was sie lösen soll.
2. Zeigen Sie ihm vielmehr, was seine Idee günstigstenfalls bewirkt. Das stimmt ihn positiv.
3. Zeigen Sie ihm dann, welche Hindernisse Sie identifiziert und welche über jeden Zweifel erhabene Belege Sie dafür haben.
4. Geben Sie ihm die Wahlfreiheit: altes Projekt durchziehen oder mit neuem Projekt die Hindernisse beseitigen.

Falls sich der Auftraggeber oder Topmanager wider jede Vernunft für das alte Projekt entscheidet, teilen Sie ihm mit, dass Sie seinen Entschluss respektieren, jedoch nur für die Ergebnisse verantwortlich sind, welche das Projekt günstigenfalls erreichen kann – nicht für die Beseitigung der eigentlichen Hindernisse, die es nicht beseitigen kann.

Machen Sie darüber eine Aktennotiz, auf die Sie nach dem Scheitern des Projektes zurückgreifen können, und verbreiten Sie Ihren Standpunkt in Ihrem Netzwerk und an möglichst viele Manager. Damit verhindern Sie, dass Sie nach dem absehbaren Scheitern des Projektes für etwas verantwortlich gemacht werden, wofür sie nicht verantwortlich sein können und wollen.

Gewiss: Es wäre viel einfacher, wenn Sie auf die Lüge hereinfallen, das falsche Projekt durchziehen und dabei einen Miss-
erfolg einfahren würden. Außerdem ist es ungerecht, dass man
Ihnen ein Projekt gibt, welches das Problem nicht lösen kann, das
es lösen soll! Da gebe ich Ihnen Recht. Doch was nützt das? Natürlich können Sie auf die Lüge hereinfallen. Das ist bequemer.
Doch stellen Sie sich eine Frage: Will ich es bequem, oder will ich
Erfolg haben? Will ich mich über eine Ungerechtigkeit beklagen,
oder will ich sie beseitigen?

Wofür entscheiden Sie sich in Ihrem aktuellen Projekt?

2. Projekte sind Karrierekiller

Junge Projektmanager betrachten ein Projekt als Karrieresprungbrett. Das ist es nicht.

Projekte sind gut für die Karriere und machen Spaß – alles Lüge!

90 Prozent der Berufsanfänger und PM-Neulinge sind richtig «heiß» auf Projekte. Taucht eine interessante Projektidee auf, reißen sie sich förmlich um das Projekt. Warum?

- «Ist doch klar – damit komme ich groß raus!»
- In Zeiten von Lean Management ist der vertikale Aufstieg begrenzt. Also muss man sich horizontal profilieren. Oder wie eine Nachwuchsführungskraft sagte: «Lieber eine Position als Projektmanager als gar keine Managementposition.»
- Anfänger möchten im Projekt gerne all das ganz toll umsetzen, was ihnen immer schon Riesenspaß machte.

Als Vater oder Mutter eines neuen Getriebes, einer IT-Lösung oder auch nur einer neuen, bahnbrechenden Verpackung dazustehen – das hat doch was! Also glauben Berufsneulinge ganz automatisch, dass ein Projekt gut für die Karriere ist und außerdem Spaß macht. Das ist ein fataler Irrtum.

Das Märchen, dass Projekte Spaß machen, könnte ein Berufsanfänger gut und gerne selbst als solches entlarven – wenn er vom eigenen Enthusiasmus nicht so geblendet wäre. Er oder sie müsste dafür nur mal mit drei alten, erfahrenen Projektmanagern reden, die eine Hand voll Projekte betreuten: Mit Spaß läuft da nicht viel.

Natürlich macht fast jedes neue Projekt Spaß – am Anfang, während man nur die tolle schöne neue Idee sieht. Doch schon wenige Tage danach wird die Projektarbeit rasch zäh, frustrierend und geradezu schmerzhaft. Einmal ganz abgesehen von der privaten Belastung: Da man in «normalen» Unternehmen von der eigentlichen Arbeit nicht (wesentlich) entlastet wird, muss man das Projekt quasi «nebenher» machen. Das heißt nach Feierabend und am Wochenende. Das schadet der eigenen Gesundheit, Persönlichkeit, Familie, dem Freundeskreis und der Beziehung. Projekte sind echte Scheidungsgründe und Beziehungskiller. Sie finden das deprimierend? Wissen Sie, was ich deprimierend finde? Wenn ein Projektmanager diese deprimierende Wahrheit nicht kennt und mir im Coaching dann aufgelöst berichtet, dass ihn am Wochenende seine Partnerin in die Wüste geschickt hat. Das ist deprimierend.

Dass Projekte rein theoretisch überhaupt keinen Spaß machen können (mit Ausnahme von wenigen tadellos organisierten Projekten in tadelloser Unternehmenskultur und den Steckenpferd-Projekten, s.u.), zeigt allein schon das Projektdilemma:

Das Projektdilemma: Entweder das Projekt läuft gut – dann gehen Ihre Beziehung oder die Gesundheit futsch. Oder Sie bewahren sich Beziehung und Gesundheit – und das Projekt läuft schlecht.

Egal, wie Sie das Dilemma anpacken: Sie verlieren. Und das soll Spaß machen?

Projekte killen Karrieren

Immer wieder tauchen in Äußerungen und Schriftstücken von Topmanagern Formulierungen auf wie: «Projekte sind in unse-

26

rem Unternehmen Sprungbretter für die Karriere.» Belegt wird dies meist mit dem Beispiel eines Vorstandsmitgliedes, das in grauer Vorzeit ein bahnbrechendes Projekt ablieferte und damit groß rauskam. Das ist meist eine Lüge, die in 99 Prozent der Fälle nicht einmal der oberflächlichsten empirischen Prüfung standhält. Denn die vielen Jungmanager, deren Projekte grandios floppten und deren Karriere danach abrupt zu Ende war oder im Sand verlief, werden bei solchen Sprungbrettmythen verschämt unterschlagen. Dabei müsste selbst ein Berufsanfänger die Lüge aufdecken können. Oder wie eine Uni-Absolventin im Traineeprogramm jüngst ihren Bereichsleiter fragte: «Wie kann ein Projekt ein Karrieresprungbrett sein, wenn drei Viertel unserer Projekte scheitern oder hinter den Zielen ankommen?» Darauf wusste der Manager keine Antwort. Die richtige Antwort lautet:

Projekte sind mit einem Risiko von zirka 75 Prozent schädlich für die Karriere.

Wollen Sie Ihre Karriere einem so hohen Risiko aussetzen?

Machen Sie die Augen auf!

Das Problem ist: Viele PM-Neulinge stürzen sich übereilt in ein Projekt. Sie sehen nur die Lorbeeren, die es zu ernten gilt, die tolle Projektidee, was man alles mit dem Projekt erreichen und bewegen kann, die bahnbrechende Technik. Was sie nicht sehen:

In 90 Prozent der Unternehmen müssen Projekte neben der eigentlichen Arbeit erledigt werden – bei acht bis zehn Stunden für die normale Arbeit ist das allein schon ein Unding.

Die aus einem Projekt resultierende Zusatzbelastung unterschätzen PM-Neulinge immer. Ein Projekt bringt ein bis drei Stunden Mehrarbeit pro Tag: Woher wollen Sie die nehmen?

Die technischen Schwierigkeiten werden unterschätzt: Es ist eben doch nicht so einfach, wie es die Projektidee suggerierte. Schon kleinste Änderungen können im Projekt einen Riesenaufwand nach sich ziehen. Wird auch nur ein Bolzen geändert, fallen drei Stunden Papierarbeit an – ganz zu schweigen davon, dass danach die angrenzenden Arbeitspakete nicht mehr zusammenpassen!

PM-Greenhorns gehen davon aus, dass ihr Projekt von allen Unternehmensbereichen, wie versprochen, unterstützt wird. Meist bleibt es beim Versprechen, und der Projektmanager steht im Regen.

Und so weiter. Die Liste der Projektschweinereien, welche PM-Anfänger in ihrem Überschwang übersehen, ist endlos und amüsiert alte Hasen beim Pils abendfüllend. Das eigentliche Problem dahinter ist:

PM-Anfänger verwechseln Enthusiasmus mit Erfolgsaussicht.

Sie denken, weil sie so begeistert sind, läuft das Projekt auch super durch. Das tut es mit 75-prozentiger Wahrscheinlichkeit nicht. Das Projekt an sich ist eines der, nicht nur von Berufsanfängern, am heftigsten unterschätzten Risikopotenziale in einem Unternehmen. Deshalb verlieren deutsche Unternehmen jährlich Milliarden Euro in Projekten: Weil selbst Spitzenmanager das Risiko chronisch unterschätzen.

Genug geklagt. Was können Sie tun? Nicht in die Falle tappen. Schützen Sie sich vor Projektschäden an Ihrer Karriere, Ihrer Gesundheit und Ihrem privaten Glück mit folgendem 10-Punkte-Präventivprogramm.

Das 10-Punkte-Präventivprogramm

1. Bewerben Sie sich niemals spontan für ein Projekt, so attraktiv die Idee auch sein mag.
2. Melden Sie sich nicht freiwillig. Warten Sie, bis Sie gefragt werden (es sei denn, das Projekt ist ein Steckenpferd, siehe «Die Steckenpferd-Klausel», Kapitel 2, Seite 31).
3. Werden Sie gefragt, dann zieren Sie sich. Sagen Sie, dass Sie nicht wissen, ob Sie ausgerechnet dieses Projekt machen wollen, und dass Sie die Idee erst prüfen wollen. Das tun Sie dann auch. Bitten Sie sich ein wenig Bedenkzeit aus und melden Sie dann Ihre berechtigten Bitten an.
4. Bitten Sie um (wenigstens teilweise) Freistellung von konkret bezeichneten Aufgaben der Tagesarbeit.
5. Holen Sie verbindliche Zusagen der beteiligten Unternehmensbereiche ein. (Vertrauen Sie Ihrem Bauch: Er weiß, was verbindlich ist und was nicht.)
6. Suchen Sie sich einen kräftigen Mentor in oder nahe der Geschäftsführung, der Sie unterstützt. Pflegen Sie engen persönlichen Kontakt zu ihm. Dieser Mentor – nicht das Projekt! – ist Ihr Karrieresprungbrett. Denn er allein ist mächtig genug, die allfälligen Projektprobleme, die so sicher wie das Amen in der Kirche auftauchen werden, für Sie aus dem Weg zu räumen.
7. Holen Sie die bestmöglichen Leute in Ihr Projekt.
8. Handeln Sie das bestmögliche Budget mit Perspektive auf Nachschlag aus.
9. Lassen Sie sich auf keinen Endtermin ein, der schon bei der Auftragserteilung zu knapp ist. Denn selbst ein lockerer Termin wird mit zunehmender Projektlaufzeit schneller knapp, als Sie «Oh, Schreck!» sagen können.
10. Wählen Sie lieber keine zu ehrgeizigen Ziele. Ehrgeizig wer-

den die Ziele schon allein durch die Schwierigkeiten, denen Sie im Laufe des Projektes unter Garantie begegnen werden.

Mit dieser Checkliste haben meine Seminarteilnehmer und Coachs ihre Projekte tatsächlich zu Karrieresprungbrettern ausbauen können – während ihre Kollegen weiterhin blauäugig Projekte übernehmen und damit baden gehen. Schade eigentlich.

Im Zweifelsfall ist kein Projekt besser als ein Projekt.

Projektauswahl für Fortgeschrittene

Wenn Sie clever sind, wählen Sie Ihre Projekte nicht vorrangig nach Ihrem Enthusiasmus, sondern kultivieren Sie Ihren Enthusiasmus mit der Erfolgswahrscheinlichkeit von Projekten.

Setzen Sie bei Ihrer Projektauswahl nicht auf Verlierer.
Sie sind nicht Gott? Das müssen Sie nicht sein, um vorhersehen zu können, welche Projekte mit hoher Wahrscheinlichkeit in Schwierigkeiten geraten oder scheitern werden. Es gibt einen simplen Zusammenhang zwischen der Erfolgswahrscheinlichkeit von Projekten und deren Schwierigkeitsgrad. Sie denken, dass Projekte umso eher scheitern, je schwieriger sie sind? Dann unterliegen Sie einem verbreiteten Irrtum (siehe Abbildung auf Seite 31, Irrtumslinie).

Tatsächlich ist es ganz anders: Besonders schwierige und besonders einfache Projekte scheitern vergleichbar oft. Warum? Weil gerade kleine Projekte meist krass unterschätzt werden: «Das ist keine große Sache, das kriegen wir schnell hin.» Typischer Fall von denkste. Nach drei Monaten steckt man immer noch mittendrin und rauft sich die Haare. Großprojekte schei-

Erfolgswahrscheinlichkeit

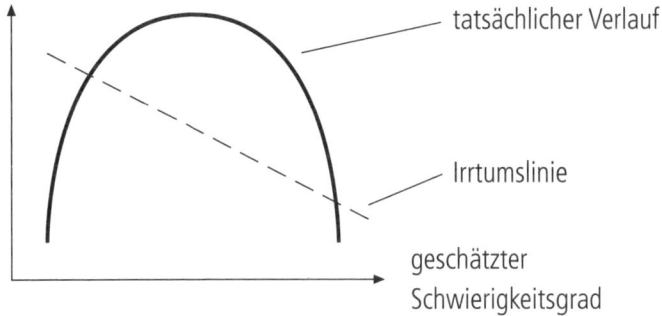

tatsächlicher Verlauf

Irrtumslinie

geschätzter
Schwierigkeitsgrad

tern oder bekommen Probleme, weil sich während der langen Projektlaufzeit einfach zu viel verändert, was man nicht vorhersehen konnte.

Hüten Sie sich vor kleinen und großen Projekten gleichermaßen! Heißt das, Sie sollen sie ablehnen? Nein, wenn Sie die Kurve auf Seite 29 in das 10-Punkte-Präventivprogramm einbauen und entsprechende Forderungen an die Ausstattung Ihres Projektes stellen; dann, aber erst dann können Sie so ein Projekt auch annehmen.

Die Steckenpferd-Klausel

Bis hierher lautet die Moral des Kapitels: Finger weg von Projekten! Nehmen Sie nur dann eines an, wenn die zehn Punkte des Präventivprogramms (siehe oben) erfüllt sind!

Zu dieser Moral gibt es eine Ausnahme: Sie werden auf Ihrer Laufbahn immer wieder Projektideen haben, die einfach zu attraktiv sind, um sie zurückzuweisen. Sie kennen solche Projekte:

Es sind unsere persönlichen Steckenpferde. Von solchen Projekten müssen Sie Ihre Finger nicht lassen. Bewahren Sie sich Ihren Enthusiasmus für das Projekt. Doch treffen Sie gleichzeitig Vorsichtsmaßnahmen:

1. Hängen Sie das Projekt an die kleinstmögliche Glocke, damit Ihnen keiner von oben unmögliche Ziele aufdrückt.
2. Suchen Sie einen guten Mentor, der für Ressourcen sorgt.
3. Suchen Sie Gleichgesinnte, die auf derselben privaten Basis in Ihrem Team mitarbeiten möchten.

Der Vorteil dieser Vorgehensweise: Sie bekommen keinen Druck, keine Terminzwänge von oben, die den Spaß an der Sache sehr schnell zunichte machen können. Denn Ihr Steckenpferd läuft außerhalb der Sichtweite der großen Strategen im Führungsbunker. Ohne diesen Druck macht ein Projekt mächtig Spaß und bringt auch meist exzellente Ergebnisse, welche Sie dann mit einem umso größeren Paukenschlag präsentieren können, da keiner mit Ihrem Projekt rechnete.

So macht Projektarbeit Spaß und ist auch ein tadelloses Karrieresprungbrett.

3. Ein Projektleiter ist kein Projektleiter

Die meisten Menschen glauben, dass ein Projektleiter ein Projekt-
leiter ist. Das ist er nicht.

Ein Projektleiter ist eben nicht nur ein Projektleiter

Wer glaubt, dass er/sie als Projektleiter/-in einfach nur ein Projekt leiten muss, der/die wird
- bald allenthalben mit Widerständen konfrontiert werden,
- unzufriedene Kunden oder Auftraggeber haben,
- von Risiken überrascht werden,
- nicht die nötigen Ressourcen zur Durchführung des Projekts zur Verfügung gestellt bekommen.

Warum? Weil er/sie auf einen beliebten Irrtum hereingefallen ist:

Ein Projektleiter ist eben nicht nur ein Projektleiter.

Die Projektleitung ist nur eine einzige Rolle eines Projektmanagers. Leider konzentrieren sich unerfahrene Projektmanager so sehr auf diese eine Rolle, dass sie alle anderen Rollen (siehe unten) vernachlässigen. Das heißt, sie leiten lediglich fachlich, schauen also darauf, dass die Arbeitspakete erledigt werden. Das reicht jedoch nicht! Für den Projekterfolg ist das viel zu wenig. Es ist nötig, Arbeitspakete zu managen, aber es reicht nicht, um ein Projekt zum Erfolg zu führen.

Nur 20 Prozent vom Projekterfolg hängen vom Management der Arbeitspakete ab. 80 Prozent hängen dagegen von den anderen Rollen eines Projektleiters ab.

Nicht umsonst sagt man: «Ein Projekt ist eine GmbH auf Zeit.» Das heißt: Für den Projekterfolg ist eben all das gefordert, was auch für ein Unternehmen wichtig ist. Also nicht nur die Fertigung (= Arbeitspakete managen), sondern auch F&E, Verkauf, Einkauf, Controlling, Marketing, PR usw.

Ein Projektleiter hat nicht eine, sondern sechs Rollen.

Erst wenn Sie diese sechs Rollen alle wahrnehmen, ist der Projekterfolg garantiert.

Die Rollen im Einzelnen

1. *Produktionsleiter:* Die Wahrnehmung der Rolle des Arbeitspaket-Managers entspricht der Rolle des Produktionsleiters. Sie ist eine von sechs Voraussetzungen für den Projekterfolg.

2. *Vertriebs- und Marketingleiter:* Ein erfolgreicher Projektleiter muss sein Projekt auch verkaufen (können). Denn in einem normalen Unternehmen gibt es zu jeder Zeit hundert und mehr Projekte, die alle miteinander um knappe Ressourcen konkurrieren. Nur jene Projekte überleben und kommen ans Ziel, deren Projektleiter sozusagen in engen Märkten genügend zahlungskräftige Kunden für ihr Projekt finden, die Personal, Budget und andere Ressourcen abstellen.

Viele unerfahrene Projektmanager erliegen dem Irrtum, zu glauben, dass wenn sie ein Projekt bekommen, sie automatisch dafür alle nötigen Ressourcen bekommen. Nichts liegt der Wahrheit ferner. Wer Ressourcen haben will, muss dafür

Marketing in eigener Sache betreiben und sein Projekt geschickt verkaufen. Machen Sie Ihr Projekt bei den Verantwortlichen bekannt, werben Sie dafür, zeigen Sie die Vorteile für die Beteiligten auf, behandeln Sie Einwände, sorgen Sie für Akzeptanz, überzeugen Sie.

3. *Forschungs- und Entwicklungsleiter:* Sorgen Sie dafür, dass das Know-how, das Sie für Ihr Projekt brauchen, entwickelt, gesichert, dokumentiert und an die entsprechenden Stellen verteilt wird.

4. *Personalchef:* Ein Projektleiter ist eben auch für Soziales zuständig (siehe Teil 6). Gerade weil sich unerfahrene Projektmanager um diese Rolle drücken, sagt man auch: «Projekte werden in der Regel nicht durch fachliche oder finanzielle, sondern durch menschliche Probleme aus der Bahn geworfen.» Ein richtiger Projektmanager fühlt sich voll für die Humanressourcen verantwortlich, die ihm zu treuen Händen anvertraut wurden. Menschen sollte man auch als Projektmanager wie Menschen, nicht wie Maschinen, behandeln (können).

5. *Finanzchef und Controller:* Jeder Projektmanager muss auch sein Budget planen, kalkulieren und überwachen (können). Das heißt, er oder sie muss mit Finanzzahlen und Kalkulationen umgehen können.

6. *Geschäftsführer des Projekts:* Wie ein Geschäftsführer eines Unternehmens dem Aufsichtsrat Rede und Antwort steht, so steht der Projektmanager seinem Auftraggeber, dem Kunden oder dem Steuerungsgremium voll verantwortlich Rede und Antwort.

Wenn es Probleme gibt ...

Wenn es Probleme in einem Projekt gibt, dann immer deshalb, weil der Projektleiter eine seiner sechs Rollen «vergessen» hat. Manchmal verhält er sich eben nicht wie ein voll verantwortlicher Geschäftsführer, sondern wie ein Erfüllungsgehilfe seines Auftraggebers. Das ist zwar im ersten Moment bequemer, führt aber postwendend zu Problemen, weil eine tragende Rolle im Projekt nicht ausgefüllt wird.

Erwerben Sie für alle sechs Rollen die nötige Kompetenz.
Sie halten das für eine atemberaubende Forderung? Das sieht nur so aus. Sie müssen kein Zusatzstudium in Forschung und Entwicklung, in Marketing und Management ablegen, um alle sechs Rollen auszufüllen.

Es reicht völlig, ja ist der entscheidende Schritt, wenn Sie alle sechs Rollen akzeptieren.
In diesem Fall kommt die Kompetenz schon allein durch die Akzeptanz. Denn jeder Projektleiter weiß intuitiv und aus Erfahrung so ungefähr, was ein F&E-, was ein Marketingleiter oder ein Geschäftsführer zu tun hat. Wenn Sie sich die sechs Rollen auf der vorangegangenen Seite nur einmal genau betrachten und sich in sie hineinfühlen, werden Sie wissen, was zu tun ist.

Wer sich wie ein Geschäftsführer fühlt, denkt und handelt auch wie ein Geschäftsführer.
Rollenakzeptanz bringt Rollenkompetenz. Tatsächlich können Sie beobachten, dass besonders erfolgreiche Projektmanager diese sechs Rollen virtuos beherrschen und vor allem nach Wunsch aktivieren können. So begleitete ich neulich eine Projektleiterin, die um neun Uhr eine knallharte Controllerin war und einem Ar-

beitspaket-Verantwortlichen in strengen Tönen klar machte, dass er sein Budget einzuhalten habe. Fünf Minuten später war sie die Marketingchefin, die einen sich quer stellenden Abteilungsleiter davon überzeugte, dass er unbedingt ihr Projekt unterstützen müsse.

Genau diese Rollensprünge schaffen unerfahrene Projektleiter nicht. Sie beklagen sich: «Ich kann doch nicht gleichzeitig nett zu den Leuten sein und knallhart die Termine verfolgen!» Doch, kann man und frau. Nämlich wenn man sich beigebracht hat, flexibel zwischen den sechs Rollen zu wechseln.

Das funktioniert nicht nur, das macht nach kurzer Zeit sogar ausgesprochen Spaß, weil damit alles im Projekt viel leichter, schneller, einfacher und besser läuft. Und vor allem, weil Sie sich mit dieser Rollenvielfalt in der Hinterhand jeder, wirklich jeder Situation gewachsen fühlen. Denn gerade deshalb gibt es in Unternehmen ja diese Funktionen: Damit ein Unternehmen alles überlebt und meistert, was der Markt ihm entgegenwirft. Rollenflexibilität bringt Gelassenheit, Selbstsicherheit und Erfolg. Probieren Sies. Sie werdens erleben.

4. Die meisten Projekte sind keine Projekte

Die meisten Menschen glauben, dass ein Projekt ein Projekt ist.

Das ist es meistens nicht.

Kann mans mit Ihnen machen?

Was machen Sie, wenn man Ihnen ein Kundenorientierungsprojekt anbietet? Oder ein Projekt zur Restrukturierung eines Vertriebsgebiets? Ein Projekt zur Verbesserung der Auftragsdurchlaufzeit? Ein Projekt zur Steigerung der Kundenzufriedenheit von 75 auf 90 Prozent oder der Verkaufszahlen um 7 Prozent? Was tun Sie, wenn man Ihnen ein Knowledge-Management-Projekt anträgt oder ein Projekt zur Einrichtung eines Customer Oriented Controllings? Sie

- nehmen (A) dankend an: Das Profilierungspotenzial lockt!
- prüfen (B) erst mal, ob man Ihnen mit diesem Projekt ein Ei ins Nest legen will.
- rennen (C) in mehrere Richtungen gleichzeitig davon, so schnell Sie laufen können.

Was haben Sie angekreuzt? Option A können Sie nur dann ankreuzen, wenn Sie auf Ihrer Schnuppertour durchs Buch noch nicht an Kapitel 2 vorbeigekommen sind: Projekt und Profilierungspotenzial sind zwei Begriffe, die sich mit 75-prozentiger Wahrscheinlichkeit gegenseitig ausschließen. Falls Sie B angekreuzt haben, haben Sie wahrscheinlich eben dieses Kapitel 2 noch im Hinterkopf.

Gut gemacht; Sie fallen nicht mehr auf die Projekt-Karriere-Lüge herein. Leider sind Sie gleichzeitig auf eine andere Lüge he-

reingefallen. Deshalb ist Antwort C richtig: Jedes der aufgezähl-
ten Projekte ist nämlich überhaupt kein Projekt. Die meisten Projekte sind keine Projekte. Wenn sie trotzdem so genannt werden,
ist das eine perfide Lüge.

Die Planpleite von Pseudoprojekten

Vergleichen wir ein echtes Projekt mit einem Pseudoprojekt. Das
echte Projekt muss laut Vertrag bis zum 31.8. eine komplette IT-
Anlage installieren. Am 31.8. ist zwar das Budget um 7,8 Prozent
Prozent überzogen, und einige kleinere Anforderungen ließ man
still unter den Tisch fallen. Doch ist die IT-Anlage bis auf den letzten Stecker installiert.

Im Vergleich dazu ein Pseudoprojekt: Bis zum 31.8. muss in
einem Unternehmen der Metallverarbeitung Knowledge Management eingeführt sein. Am 31.8. ist tatsächlich die Datenbank
technisch und physisch vorhanden – doch, in den Worten des
Projektleiters: «Keine Sau benutzt sie!» In Zahlen: Die Nutzung
liegt bei 17 Prozent.

Der Vorstand tobt: «Wir geben doch keinen Millionenbetrag
für ein Hobby von einigen wenigen aus! Die Sache ist offensichtlich gescheitert.» Wie die meisten Pseudoprojekte mit so klin-
genden Namen wie «Führungskräfte als Personalentwickler» oder
«Mitarbeiter als Mitunternehmer».

Zirka 80 Prozent dieser Pseudoprojekte kommen am Stichtag
mit peinlichen Erfolgsquoten an, alle Beteiligten lassen das Projekt wie eine heiße Kartoffel fallen, keiner will mit dem Verlierer-
projekt mehr etwas zu tun haben. Entweder die Sache wird mit
Paukenschlag beerdigt oder verläuft still und heimlich im Sande,
weil keiner mehr Zeit, Arbeit und Geld in so eine Verliererkiste
investieren will. Allein auf weiter Flur zurück bleibt der Projekt-

leiter, der für die nächsten Jahre mit dem Stigma des Verlierers herumläuft.

Warum es kommen muss, wie es kommt

Warum scheitern Pseudoprojekte? Weil sie scheitern? Nein, weil sie als gescheitert erklärt werden. Betrachten wir zum Vergleich ein Pseudoprojekt zum Knowledge Management (KM) bei einem IT-Unternehmen. Zufälligerweise ist dort ebenfalls der 31.8. Stichtag. An diesem Tag liegt die Nutzung sogar nur bei 12 Prozent. Doch jetzt kommt der Unterschied: Der Vorstand erklärt das Projekt nicht als gescheitert, sondern fragt: «Warum ist die Nutzung so gering?» Der Projektleiter legt 25 Punkte zur Steigerung der Akzeptanz und Überwindung von Nutzungshemmnissen vor. Binnen Monatsfrist steigt die Nutzung auf 18 Prozent. Ein Quartal später liegt sie bei 67 Prozent; Tendenz weiter steigend. Was ist hier passiert?

Es gibt Projekte, und es gibt Prozesse. Wer einen Prozess mit einem Projekt verwechselt, erlebt am Stichtag eine böse Überraschung.

Klingt einleuchtend? Nun, dann verraten Sie mir doch mal, ob Äpfel ein Projekt oder ein Prozess sind. Äpfel sind ein Prozess? Richtig. Denn kein normaler Obstbauer sagt sich: «Wenn am 15.9. die Äpfel am Baum nicht reif sind, haue ich den Baum um!» Warum nicht? Weil der Bauer weiß, dass der Apfel ein Prozess und kein Projekt ist. Die meisten Manager und Projektmanager kennen diesen Unterschied nicht. Sie exekutieren am Stichtag Projekt samt Projektleiter, weil sie Prozess und Projekt verwechseln. Auf Deutsch: Sie würgen einen hoffnungsvollen Prozess ab, bloß weil dieser nicht am Stichtag reif ist! Peinlich enthüllt sich dies, wenn nach dem offiziellen Todesurteil durch das prozessblinde Topmanagement einzelne Pseudoprojekte quasi als Steckenpferde (siehe Kapitel 2, letzter Abschnitt Seite 32) der Teammitglieder weitergeführt werden und danach exzellente Ergebnisse erzielen.

Sind Sie prozesskompetent?

Damit ist nicht gemeint, ob Sie gut vor Gericht prozessieren können. Damit ist gemeint, ob Sie neben einem Projekt auch einen Prozess managen können. Sie können dies, wenn Sie die Erkenntnisse aus dem Gelesenen zusammenfassen:

- Auch ein Prozess hat ein Endergebnis – es lässt sich lediglich nicht wie beim Projekt auf einen Stichtag fix terminieren.
- Bei einem Prozess vereinbaren Sie sinnigerweise für den Stichtag kein Endergebnis, sondern einen Zielkorridor. Für unser Beispiel: Nutzung der KM-Datenbank am 31.8. zwischen 8 und 15 Prozent. Sie können den Zielkorridor auch mit der Fallunterscheidung pessimistische – realistische – optimistische Erwartung aufspannen.
- Für die Zeit nach dem Stichtag vereinbaren Sie eine Terminstaffel mit nicht allzu großen Intervallen (monatlich ist ideal). Zum Beispiel: 20 bis 30 Prozent am 31.10., 40 bis 50 Prozent am 31.12., … , 90 Prozent am 31.7.

Durch einen Stichtag mit Fixergebnis wird ein Prozess nicht gefördert, sondern behindert.

Was ist ein Prozess?

Was bedeutet das für Ihre tägliche Arbeit? Sobald Ihnen ein Auftraggeber ein Projekt anträgt, prüfen Sie zunächst einmal, ob er Sie (natürlich unwissentlich und unabsichtlich) anlügt: Ist das überhaupt ein Projekt? Ist es nicht eine Sauerei, dass die meisten Auftraggeber den Unterschied zwischen Projekt und Prozess nicht kennen? Nein, das ist es nicht. Schließlich sind Sie der Projektleiter – das fällt in Ihre Kompetenz. «Mein Chef ist zu doof, um den Unterschied zu kennen», sagt nur ein schlechter Projektmanager. Ein guter sagt: «Er weiß es nicht, ich muss ihn aufklären.» Ein guter Projektleiter ist kein Erfüllungsgehilfe, sondern Dienstleister seines Auftraggebers oder Kunden. Nicht Ihr Auftraggeber muss den Unterschied kennen, sondern Sie:

Es liegt immer dann ein Prozess und kein Projekt vor, wenn sich die Organisationsstruktur oder ein -ablauf ändert oder wenn Menschen ihr Verhalten ändern müssen.

Sie wissen, wie Menschen sind: Ob sie am 31.8. ihr Verhalten geändert haben, kann kein Mensch sagen. Verhalten lässt sich nicht terminieren wie Fertigungsprozesse. Sie können auch nicht sagen: «Ich lerne jetzt Tennis spielen, und am 31.8. kann ich es.» Der Erwerb von komplexen Fertigkeiten lässt sich eben nicht stichtagsgenau terminieren. Verhaltensänderungen sind ein Prozess.

So managen Sie einen Prozess

Klären Sie Ihren Auftraggeber oder Kunden über den kleinen Unterschied auf. Seien Sie nicht ungeduldig. Seien Sie pädagogisch und nachsichtig. Falls nötig, frischen Sie in dieser Hinsicht Ihre Sozial- und Kommunikationskompetenz auf. Ein guter Projekttrainer hilft Ihnen dabei. Didaktischer Hinweis: Topmanager akzeptieren schnell den kleinen Unterschied, wenn Sie nachvollziehbar darlegen, dass bei einer Umstellung von Projekt auf Prozess sich die Erfolgswahrscheinlichkeit vervielfacht. Manager mögen Erfolg.

Klären Sie mit Ihrem Auftraggeber ab: «Womit wären Sie am 31.8. zufrieden?» Worst Case: «Mit einem hundertprozentigen Erfolg natürlich.» Die passende Behandlung: «Am 31.8. ist die Datenbank vorhanden. Doch die Nutzer müssen sich danach erst noch an die neue Einrichtung gewöhnen, sich einarbeiten, Hemmschwellen überwinden, alte Gewohnheiten ablegen. Das braucht Zeit. Das heißt, was wäre denn ein realistisches Anfangsziel?»

Danach treten Sie in die Verhandlungen ein. Verhandeln Sie mit Ihrem Auftraggeber Ihre Terminstaffel (siehe oben). Falls Ihr Auftraggeber sich nicht mit der relativ langen Laufzeit von Prozessen abfinden will, überzeugen Sie ihn mit Vergleichszahlen. Gerade bei den geläufigen Prozessen gibt es gut belegte Vergleichszahlen bei jedem kompetenten externen Prozessbegleiter (das sind auf die Begleitung von Prozessen spezialisierte Unternehmensberater und Trainer).

Machen Sie sich fit

Eine gute Projektmanagement-Ausbildung ist gut, doch sie reicht nicht für eine kompetente Prozessbegleitung (PB). Warum? Weil es in einem Projekt hauptsächlich um Technik und Dienstleistung geht. In einem Prozess dagegen geht es hauptsächlich um Verhaltens- oder Organisationsänderung. Diese beiden Themen kommen jedoch in einer PM-Ausbildung nicht oder nur kaum vor. Daher:

Wenn Sie merken, dass Sie ein Projekt bekommen haben, das ein Prozess ist, machen Sie schnell eine gute PB-Ausbildung.

In den meisten Unternehmen bezahlt dies der Arbeitgeber (wenn Sie überzeugend darlegen, was dies für den Erfolg des Projektes/Prozesses bedeutet). Wenn Sie Projektmanager sind, brauchen Sie diese Ausbildung: Wenn der Prozess schief läuft, sind Sie der Dumme. Sind Sie Auftraggeber oder Topmanager, brauchen Sie diese Ausbildung nicht unbedingt. Viele Manager managen nach der Maxime: «Wenn nur ein Prozess unter zehn erfolgreich ist, reicht das.» Wenn Ihnen das reicht ...

Teil II:
Projektmanagement, dass jede(r)
es versteht

5. Projektmanagement schadet Projekten

Wir alle glauben, dass Projektmanagement gut ist für unser
Projekt. Das ist es nicht.

Projektmanagement funktioniert nicht

«Projektmanagement ist gut fürs Projekt!» Auf diese Lüge fallen
vor allem PM-Neulinge herein. Projektmanagement ist gut, Projektmanagement hilft, Projektmanagement steuert Projekte ins
Ziel – dafür wurde es schließlich erfunden, dafür ist es doch da!
Wer auch nur ein einziges Projekt begleitete, durchschaut die
Lüge schnell und fragt sich bald (zum Leidwesen vieler PM-Trainer auch im Seminar laut): «Wenn Projektmanagement so gut ist,
warum funktioniert es dann ausgerechnet in meinem Projekt
nicht?»

Um nur zwei Beispiele für das PM-Versagen aufzuzeigen: In
jedem Buch, jedem Seminar zum Projektmanagement

1. wird der Projektleiter ermahnt, eine Projektplanung zu machen. Diese schadet regelmäßig mehr, als sie nutzt. Sobald das
Team nämlich die Planung zu Gesicht bekommt, mault es:
«Wer soll das denn verstehen? Warum so unübersichtlich?
Überhaupt ist das am grünen Tisch geplant und völlig unrea-
listisch. Daran hält sich doch eh keiner.» Nach zwei, drei Wochen stimmt die Planung sowieso nicht mehr, noch zwei Tage
zu deren Aktualisierung hat der Projektleiter nicht – also vergisst er das Ganze einfach. Weil es nicht funktioniert (siehe
«Projektplanung ist Unfug», Kapitel 18, Seite 118ff.).

2. wird dem Projektleiter empfohlen, einen Kick-off zum Projektstart zu veranstalten. Folgt er der Empfehlung, sind seine

Teammitglieder nach dem Kick-off in der Regel demotivierter als vorher, ärgern sich über die (Originalton) «unrealistische Jubelveranstaltung» und haben konkurrierende Fraktionen gebildet, welche sich bekämpfen, anstatt das Projekt voranzutreiben. Einzelne Teammitglieder schwören sogar laut oder leise: «Die werden schon noch sehen, dass das so nicht funktioniert!» Also vergisst der Projektmanager den Kick-off beim nächsten Projekt – weil er nicht funktioniert.

Die Liste der offensichtlichen PM-Mängel ist endlos – was funktioniert in Ihrem Projekt nicht?

Die Folgen der Fehlfunktion

1. Die offensichtlichen PM-Mängel haben in der Praxis zu entsprechenden Reaktionen bei Projektleitern und -teams geführt:
2. Viele PM-Instrumente werden rundheraus abgelehnt und nicht mehr verwendet: «Wozu Projektplanung? Die stimmt doch sowieso nie! Wir entscheiden das alles fallweise.»
3. Die wenigen PM-Tools, die überhaupt noch angewandt werden, werden halbherzig angewandt: pro forma, nach dem Motto: «Bringt zwar nix, müssen wir aber machen, weils Vorschrift ist.»

Für die meisten Projektmanager steht insgeheim fest: «Die ganzen PM-Instrumente schaden nur oder bringen nichts – und wenn sie was bringen, dann kosten sie zu viel Zeit.»

Die Ursachen der Fehlfunktion

Warum schadet Projektmanagement Projekten? Weil seine Techniken nichts taugen? Nein:

Projektmanagement schadet Projekten, weil seine Techniken pauschal statt projektbezogen angewandt werden.

So lässt Projektleiter Meier sein Software-Projektteam ein komplettes Pflichtenheft von null an erstellen, weil er das so im PM-Seminar gelernt hat. Sein Projektteam meutert und macht Dienst nach Vorschrift. Hat das Projektmanagement versagt? Nein, es wurde nur pauschal übertragen. Tatsächlich hätte sich das Projektteam die Hälfte der Zeit gespart (weshalb es meuterte), wenn es das Leistungsheft jener Software zumindest teilweise hätte übernehmen dürfen, an die sich die neue Software eng anlehnt. Warum kam der Projektleiter nicht auf die nahe liegende Idee? Weil er blind dem folgte, was sein PM-Trainer ihm gepredigt hatte. Hatte der PM-Trainer keine Ahnung? Doch, er hatte lediglich ein anderes Projekt im Kopf: Für Neulandprojekte muss man immer ein Pflichten- und Leistungsheft von null auf hochstricken – eben weil es nichts Vergleichbares gibt. Der Trainer vergaß lediglich, seinen Teilnehmern zu sagen:

Jede einzelne PM-Technik müssen Sie auf Ihr ganz spezielles Projekt anpassen – sonst schadet die Technik mehr, als sie nützt.

Im Projektmanagement sind nicht die Methoden wichtig, sondern deren Modifikation. Diesen Satz finden Sie in keinem der gängigen PM-Ratgeber – auch deshalb scheitern drei Viertel aller Projekte. Wer PM-Instrumente unmodifiziert übernimmt, sabotiert sein eigenes Projekt. Möchten Sie das?

So machen Sie PM-Instrumente passend

Machen Sie jedes einzelne PM-Tool, das Sie benutzen wollen, erst passend, bevor Sie es benutzen:

1. *Fragen Sie sich:* Gibt mir das Instrument das, was ich von ihm erwarte? Ein Projektleiter erwartet von der Planung zum Beispiel Komplexitätsreduktion (also muss er sie so modifizieren, dass sie seine 66 Arbeitspakete übersichtlich auf einige wenige Sammelvorgänge reduziert). Ein anderer erwartet gerade das Gegenteil: Darstellung der Komplexität. Also muss er die Planung so modifizieren, dass sie unter anderem sämtliche Arbeitspakete und deren Interdependenzen aufzeigt. Wenn Sie dem ersten Projektleiter die Planungstechnik des zweiten geben – oder umgekehrt –, kommt jeder von beiden zum Schluss: Projektmanagement funktioniert nicht!

2. *Fragen Sie sich:* Kann ich auf das Instrument ganz verzichten? Die meisten PM-Instrumente sind für die meisten Projekte einfach überflüssig. Ein Kleinprojekt muss nicht mit Netzplan oder PM-Software geplant werden – obwohl es viele tun. Das frisst Zeit, bringt aber nichts (außer Arbeit). Was bringt Ihnen ein PM-Instrument? Absolut notwendige Erkenntnisse? Nützliche Erkenntnisse? Erkenntnisse, die lediglich nice to have sind? Oder gar völlig überflüssige Informationen? Dann werfen Sie das Instrument weg. Ohne schlechtes Gewissen.

Viele Projektleiter übernehmen PM-Instrumente blind – ob sie nützlich sind oder nicht.

In der falschen Reihenfolge
funktioniert Projektmanagement nicht

Projektmanagement schadet auch deshalb Projekten, weil die PM-Techniken in der falschen Reihenfolge angewandt werden. So beginnen viele Projektmanager ihre Projektplanung mit einem Gantt-Diagramm und sitzen schon nach wenigen Minuten total verwirrt vor ihrem Bildschirm, weil sie die Dutzenden von Arbeitspaketen nicht in die richtige Reihenfolge bringen können. Denn sie wissen nicht: Kann ich Tätigkeit X schon anfangen – sind alle Vorgänger komplett? Was sind überhaupt die Vorgänger? Habe ich alle beisammen? Nach einem halben Dutzend dieser unbeantwortbaren Fragen schmeißt der Projektleiter das Diagramm in die Ecke: «Funktioniert nicht.» Das hat dazu geführt, dass auf PM-Seminaren der kollektive Koller ausbricht, wenn der Trainer die Gantt-Technik auch nur erwähnt: «Nein, nicht schon wieder! Das bringt doch nichts!»

Warum nicht? Weil das Gantt nichts bringt? Nein, weil es in der falschen Reihenfolge angewandt wird: Eine Projektplanung darf man nie mit einem Gantt-Diagramm beginnen. Die richtige Reihenfolge:

1. Skizze machen
Machen Sie eine Skizze vom Projektergebnis. Kein Architekt beginnt einen Bauplan, kein Kfz-Bauer einen Fertigungsplan ohne Skizze vom Endergebnis. Doch 80 Prozent aller Projektleiter beginnen eine Projektplanung ohne Skizze. Fangen Sie mit Ihrer Planung also immer beim Ganzen an, das aus dem Projekt entstehen soll. Wenn ein Projektergebnis intangibel ist, wie bei Software- und Dienstleistungsprojekten, dann ist Ihre Skizze das Pflichtenheft oder die Funktionsbeschreibung, also die Antwort auf die Frage: Was muss das Projektergebnis am Ende können?

Übrigens, viele Projektleiter verwechseln Ergebnis mit Tätigkeit – auch deshalb «funktioniert» Projektmanagement bei ihnen nicht. Nach dem Ergebnis ihres Projektes gefragt, sagen sie: «Wir müssen eine neue Pumpe entwickeln.» Das ist kein Ergebnis, das ist eine Tätigkeit. Das entsprechende Ergebnis lautet: «Eine Pumpe, die leistungsmäßig zwischen unserer Groß- und unserer Kleinpumpe liegt.» Der Unterschied liegt auf der Hand:

Aus dem Projektergebnis können Sie alle nötigen Projektteile ableiten.

Aus der bloßen Beschreibung der Tätigkeit («neue Pumpe entwickeln») lassen sich zwar auch Einzeltätigkeiten ableiten – aber leider ohne jeden Bezug zum gewünschten Endergebnis («Leistungsspektrum zwischen Groß- und Kleinpumpe»). Wenn Projektmanagement nicht funktioniert, liegt es auch an dieser Verwechslung.

2. Komponenten auflisten

Listen Sie die Komponenten auf, mit denen Sie das skizzierte Ergebnis erreichen wollen, und prüfen Sie: Bringen diese Komponenten tatsächlich das, was wir fürs Ergebnis brauchen (Qualitätsprüfung)? Woran exakt merken Sie das (Qualitätskriterium)?

Auf diese Frage antworten die meisten Projektmitglieder: «Natürlich haben unsere Komponenten die Qualität, die wir brauchen. Woran ich das merke? Das merken wir doch!» Das heißt, sie kennen kein Qualitätskriterium. Das führt regelmäßig dazu, dass man mitten im Projekt bemerkt, dass die ausgewählten Komponenten doch nicht das leisten, was man von ihnen erwartete. So stellte sich bei einem Change-Projekt heraus, dass der geplante Workshop zwar die einzelnen Abteilungen toll im Sinne eines Wir-Gefühls zusammenschweißte, sie jedoch nicht dazu bewegen konnte, geschützte Informationen gegenseitig auszutauschen. Warum nicht? Weil niemals konkrete Qualitätskriterien für den Workshop vereinbart wurden. Man hatte einfach angenommen, dass mit dem Wir-Gefühl auch der Informationsfluss sich einstellt. Tat er aber nicht.

3. Aufwand schätzen

Schätzen Sie den Aufwand pro Komponente in Zeit, Geld und Ressourcen.

4. Ablauf planen

Jetzt erst können Sie den Ablauf planen, zum Beispiel mittels Gantt-Diagramm oder den gängigen Netzplantechniken.

5. Termine planen

Planen Sie die Termine – planen Sie sie gut. Geben Sie den zu erledigenden Dingen Luft, aber verschieben Sie die Erfüllung auch nicht auf den Sankt-Nimmerleins-Tag.

6. Risikoplanung

Machen Sie eine Risikoplanung. Überlegen Sie sich, was in das Projekt und in seinen Prozessablauf hineinhageln könnte. Diese Aufgabe ist manchmal spannender als die «reine» Planung.

Es stimmt: Projektmanagement funktioniert nicht – es sei denn, Sie modifizieren es speziell für Ihr Projekt und benutzen es in der richtigen Reihenfolge.

6. In PM-Handbüchern steht nur Mist

Der Projektneuling glaubt, dass alles, was er zur Leitung seines
Projektes braucht, im PM-Handbuch drin steht.
Das tut es nicht.

Jeder weiß das

Dass in firmeneigenen Projektmanagement-Handbüchern nur
Mist steht, ist eine bittere Wahrheit, die im Gegensatz zu vielen
sonst gerne verschwiegenen Wahrheiten in diesem Buch so gut
wie jedem Projektleiter schmerzhaft bekannt ist. Auf unseren
PM-Seminaren finden die Teilnehmer denn auch passende Worte
zur Handbuchmisere:

«Unser Handbuch ist total unpraktisch. Für ein bestimmtes
Projektangebot mussten wir zum Beispiel 30 Excel-Dateien mit
jeweils 18 Charts erstellen! Diese Zeit ging voll zu Lasten des eigentlichen Projektes!» – «Wir benutzen die Formulare aus dem
Handbuch nur, weil wir das müssen. Das ist reine Schikane von
oben.» – «Bürokratischer Unfug, der nur aufhält.» – «Jeder von
uns hat vor seinem ersten Projekt gehofft, dass da drinsteht, was
man braucht, um ein Projekt zu führen. Wir wollten ein Handbuch und bekamen ein Gesetzbuch.»

Nehmen wir an, Sie wollen Tennis spielen lernen und kaufen
ein Buch, in dem Größe, Gewicht und Form von 50 Schlägern,
die Abmessungen des Platzes und die Zählweise der Punkte erklärt werden. Hilft Ihnen das beim Tennisspielen? Nicht die
Bohne. Will das Topmanagement mit dem unbrauchbaren PM-
Schinken seine Projektleiter verkohlen? So sieht das aus. So ver-
muten das auch die meisten Projektmanager. Doch der Schein
trügt.

Topmanager wollen mit dem PM-Handbuch nicht die Projekte unterstützen, sondern deren Risiken absichern.

Das heißt, im übertragenen Sinne ist ein PM-Handbuch eben kein Tennislehrbuch, sondern eine Versicherungspolice gegen Glasbruch beim Tennisspielen. Versicherungen sind nötig und nützlich. Das Problem ist, dass jeder vernünftige Projektleiter etwas ganz anderes vom Handbuch erwartet; nämlich Unterstützung.

Was tun? Alte Hasen fragen

Sie sind nicht hilflos einem unbrauchbaren PM-Handbuch ausgeliefert. Sie können etwas dagegen tun. Sie können kurz-, mittel- und langfristig etwas dagegen tun:

- Geben Sie so schnell wie möglich die unrealistische Erwartung auf, dass das Handbuch Sie in Ihrer Arbeit unterstützen sollte.
- Drängen Sie langfristig darauf, dass das unbrauchbare Handbuch brauchbar überarbeitet wird. Bilden Sie dafür eine Koalition der Gleichgesinnten, suchen Sie sich Sponsoren in der Chefetage und treten Sie in Verhandlungen ein. Machen Sie aus diesem Vorhaben ein eigenes Projekt!
- Bis dieses Projekt Erfolg hat, behelfen Sie sich selbst.

Wie? Indem Sie die alten Hasen fragen. Wenn Sie wissen wollen, wie man ein Projekt anpackt, fragen Sie statt des Handbuchs die alten Projekthasen. Die wissen alles, was Sie wissen müssen. Vor allem wissen sie, wie Sie den produktivitätshemmenden Papierballast loswerden, den Ihnen das Handbuch aufdrückt. Sie zeigen Ihnen, welche verlangten Formulare Sie einfach ignorieren und welche Sie in der Hälfte der Zeit (oft weniger) erledigen können. Danach behindert Sie das Handbuch viel weniger.

Was tun? Eigenes Buch schreiben

Schreiben Sie für Ihr Projekt ein eigenes PM-Handbuch. Sie brauchen nicht zu erschrecken: Das kostet keine Zeit, das spart Ihnen welche. Denn Sie müssen ohnehin zusammen mit Ihrem Team klären,

- wie Arbeitspakete aussehen sollen,
- wie Sie Risiken gemeinsam erkennen und managen,
- wer wann wie an wen berichtet,
- wie Meetings terminiert und moderiert werden sollen,
- wie man mit Teammitgliedern umgehen soll, die Zusagen nicht einhalten,
- wie Abweichungen festgestellt und behandelt werden sollen,
- mit welchen Tools das Projekt geplant und überwacht werden soll

und viele andere Punkte mehr, die einfach zur Durchführung eines Projektes nötig sind und auf die Sie und Ihr Team von ganz alleine kommen, wenn Sie Ihr Projekt durchplanen. Überraschung:

Alles, was Ihr Projekt braucht, können Sie selbst vereinbaren. Vereinbaren, nicht vorgeben. Sie dürfen Ihr Handbuch nicht im stillen Kämmerlein schreiben – sonst rebelliert Ihr Team (siehe Kapitel 28, Seite 177)! Erstellen Sie Ihre eigene Projektbibel für Ihr eigenes Projekt. Das machen Sie mit jedem Projekt. Denn jedes Projekt braucht ein Handbuch, das zu ihm passt. Das ist ja gerade das Übel am Einheitshandbuch: Es will auf alle Projekte passen und passt deshalb auf keines so richtig!

7. Bücher und Seminare helfen nicht

Wer Hilfe im Projekt braucht, besorgt sich ein Buch oder bucht ein Seminar. Das hilft aber nicht.

Unbrauchbare Tipps

«Wir müssen unsere Projekte professioneller managen!» Wer hätte das nicht schon gedacht, gesagt oder gesagt bekommen? Was tut man, wenn man zu dieser Erkenntnis gelangt ist? Man bucht ein Seminar oder kauft ein Buch, denn: «Hier werden Sie geholfen!» Das ist eine der krassesten Lügen im Projektmanagement.

Die Lüge ist deshalb so schlimm, weil ihre Opfer die PM-Neulinge sind. Junge, unerfahrene Projektleiter, die entweder noch keines oder nur wenige Projekt geleitet haben und stark verunsichert sind: «Wie geht so ein Projekt überhaupt? Welche Methoden gibt es denn?» Das sind die beiden häufigsten Fragen, die PM-Neulinge sich und anderen stellen. Weil sie darauf jedoch im eigenen Unternehmen selten brauchbare Antworten bekommen (was sagt das über das betriebliche Knowledge Management?), suchen sie Hilfe in Büchern und Seminaren. Darin werden viele schöne Techniken und Tipps vermittelt. Die Leser klappen das Buch zu, die Seminarteilnehmer gehen raus aus dem Seminar, wenden die schönen neuen Techniken in ihren Projekten an und fallen damit blutig auf die Nase:

- Ihre Teammitglieder lehnen die schönen neuen Methoden rundheraus ab.
- Je exakter Sie die Tipps aus Buch und Seminar umsetzen, desto heftiger tauchen Probleme auf.

- Entweder kommen Sie danach zum Schluss: «Richtiges Projektmanagement funktioniert bei uns nicht!»
- Oder Sie schließen: «Der Trainer, der Autor erzählt Unsinn!»

PM-Bücher und -Seminare helfen a priori nicht.

Betrachten wir dafür ein typisches Beispiel. Franz K. hat ein «Superbuch über Projektmanagement gelesen. Da ist sogar eine CD-ROM dabei mit über 150 Formularen!» Genau das ist es, was Projektleiter sich wünschen: Techniken und Vorlagen, die man einfach nur kopieren oder ausdrucken muss – und schon läuft das Projekt schneller und effizienter! Pustekuchen. Nachdem Franz drei der Formulare in seinem Team eingeführt hat, heißt er im Team nur noch «der Formularfuzzi». Einige Teammitglieder boykottieren die Formulare rundheraus, andere füllen sie so schlampig aus, dass sie unbrauchbar werden. Das Team ist sauer auf Franz: «Du kannst so einen Blödsinn vielleicht auf einem Seminar machen – aber wir hier können uns nicht damit aufhalten. Wir müssen mit dem Projekt vorankommen!» Genau das wollte Franz auch – aber irgendwie kam das Gegenteil dabei heraus. Was tun?

Setzen Sie Tipps aus Büchern oder Seminaren niemals 1:1 um!

Das gilt für alle Seminare und Bücher – auch für dieses Buch. Bevor Sie einen Tipp aus Buch oder Seminar umsetzen, müssen Sie nämlich etwas anderes tun.

Erst Akzeptanz, dann Technik

Warum funktionieren Tipps aus Seminaren und Büchern im realen Leben nicht? Weil sie das Team ablehnt. Nicht alle im Team und nicht total. Aber eben so viele und so weit, dass der Tipp nicht funktioniert. Sobald Sie dieses Problem erkannt haben, kennen Sie auch die Lösung:

PM-Techniken sind gut, Akzeptanz ist besser.
Ohne Akzeptanz taugt die beste PM-Technik nichts. Wenn der Ertrinkende den Rettungsring von sich schiebt, dann kann der Rettungsring auch nicht retten. Wie schaffen Sie Akzeptanz? Niemals so: «Leute, stellt euch doch nicht so an! Das Formular (die Software, die Technik …) hilft uns doch wirklich! Das macht doch alles effizienter!» Wenn es so einfach wäre …

Appelle schaffen keine Akzeptanz.
Im Gegenteil. Je intensiver Sie appellieren, desto heftiger wird der Widerstand: Actio = Reactio. Dabei ist es so einfach:

Nicht einführen, nicht überreden, sondern fragen.
Daher die Managementweisheit: Wer fragt, der führt. Führen Sie kein Formular ein, sondern fragen Sie einfach: «Wie können wir denn dies oder jenes effizienter (effektiver, besser, schneller, übersichtlicher …) gestalten?»

Erfahrene Projektleiter stellen diese Frage nicht einfach so ins Blaue hinein. Sie warten, bis das Team von sich aus unzufrieden mit einem bestimmten Punkt im Projekt ist – und darauf brauchen Sie nun wirklich nicht lange zu warten. Teams sind immer mit irgendetwas unzufrieden. Sobald ein Teammitglied deshalb den Mund aufmacht, packen Sie die Gelegenheit beim Schopf und sagen: «Stimmt. Ist mir auch schon aufgefallen. Schön, dass Sie das ansprechen. Wie können wir das verbessern?»

«Das ist ja unglaublich gerissen», sagen meine Seminarteilnehmer darauf oft. Warum? Weil sie damit den schwarzen Peter abgeben! Nun sind nicht Sie es, der einen Veränderungsvorschlag macht, sondern ein Teammitglied. Und was das Team vorschlägt, wird das Team nicht ablehnen. Denn kein geistig normaler Mensch lehnt seine eigenen Ideen ab. Viele PM-Neulinge finden das ganz toll. Sie haben nur eine Befürchtung: «Was tun, wenn das Team einen völlig unbrauchbaren Vorschlag macht?»

Akzeptanz durch die Hintertür

Möglicherweise ist Ihnen schon eine Lösung für das kleine Problem eingefallen – in der Praxis ergibt sich diese Lösung in über 50 Prozent der Fälle: «Stimmt. Ist mir auch schon aufgefallen. Schön, dass du das ansprichst. Wie können wir das verbessern?»

«Hm, keine Ahnung. Du bist doch der Projektleiter. Fällt nicht dir etwas ein?» – «Doch, sicher fällt mir was ein. Gebt mir einen Tag Zeit, damit ich mir etwas ausdenken kann.»

Sie ahnen es bereits: Nach dieser Bedenkzeit legen Sie Ihrem Team exakt den Vorschlag aus Ihrem aktuellen Buch oder Seminar vor. Was passiert? Das Team applaudiert! Warum? Weil es nicht auf die Technik ankommt, sondern auf die Akzeptanz. Vorher drückten Sie dem Team etwas auf, was dieses nicht wollte. Jetzt geben Sie ihm, was es will.

Nennen Sie niemals die Quelle Ihres Vorschlags.

Warum? Auch das ahnen Sie bereits: Das zerstört wieder die Akzeptanz. Das Team will nicht, was ein Buch ihm vorschreibt, sondern was der eigene Projektleiter auf Anregung des Teams hin auskochte.

Es versteht sich von selbst, dass Sie nur Vorschläge aus Büchern und Seminaren machen, die Sie vorher auf die speziellen

Bedürfnisse Ihres Teams, Ihres Projektes, der Situation und des Kunden angepasst haben (situationsspezifische Passung).

Denn nichts verwirft Ihr Team so schnell wie ein Formular, eine Technik, die nicht «passt». Was machen Sie jedoch, wenn das Team selbst eine Lösung entwickeln will?

Entwickeln Sie Ihre eigene Methode

Wenn das Team selbst eine Lösung basteln will, dann benutzen Sie Ihr Seminar oder Buch nicht als Vorlage, sondern als verdeckte Benchmark. Sie halten das Buch im übertragenen Sinne nur für Ihre Augen sichtbar unter der Tischkante. Wenn Sie sehen, dass Ihr Team eine ineffiziente Lösung anstrebt, dann hängen Sie auf keinen Fall den Oberlehrer raus: «Ich weiß es aber besser!» Oder schlimmer noch: «In diesem Buch steht aber …!»

Stellen Sie vielmehr Fragen, machen Sie Vorschläge: «Was wäre, wenn wir dies so und so probierten?» Ist der Vorschlag aus Buch oder Seminar tatsächlich besser, erkennt das Ihr Team auch. Schließlich sind es keine Dummköpfe. Erkennt es Ihr Team nicht, dann versuchen Sie bloß nicht, es dazu zu überreden. Denn es gilt:

Eine ineffiziente, aber akzeptierte Lösung erzielt bessere Ergebnisse als eine effiziente, aber nicht akzeptierte Lösung.

Gewiss, dieser fundamentale Wirkungszusammenhang erfordert eine gehörige Portion gesunden Menschenverstand. Doch wer diese Portion mitbringt (Sie tun es sicher, denn Sie lesen dieses Buch), hat es leichter in seinem Projekt.

Basteln Sie keine komplexen Lösungen

Wenn Sie auf die eben beschriebene Weise zusammen mit Ihrem Team eine PM-Methode oder ein -Formular selber «stricken», dann wird Sie möglicherweise der Zweifel quälen: «Unsere Lösung ist viel zu simpel. So einfach kann es doch nicht sein!» Warum nicht? Weil die Tipps und Techniken in Büchern und Seminaren doch so unheimlich beeindruckend und kompliziert sind! Warum? Weil kompliziert = effektiv? Nein, weil kompliziert = lukrativ. Wie viel Geld, glauben Sie, kann man wohl mit einem Buch verdienen, in dem nur das drinsteht, was Sie mit Ihrem Team sich ausdenken können? Tatsächlich gilt das Gegenteil:

Nur was einfach ist, funktioniert auch.

Deshalb spricht man ja vom genial Einfachen. Wenn es nicht einfach wäre, wäre es nicht genial. Weil wir von komplizierten Büchern und Seminaren bereits total verbildet sind, fällt es Projektleitern und Teammitgliedern in meinen Seminaren oft sehr schwer, wieder Vertrauen zu ihrem eigenen Verstand zu fassen und Mut zur einfachen Lösung zu entwickeln. Deshalb ein Beispiel.

Für die so genannte Projektanalyse finden Sie in Büchern und Seminaren zwei Dutzend unterschiedliche Methoden und pro Methode ein halbes Dutzend Formblätter. Welche ist die richtige Methode? Keine. Welche Sie auch wählen, Ihr Team wird sie ablehnen. Deshalb entwickeln wir in Coachings oder Seminaren mit Projektteams jeweils eine eigene Methode. «Was ist wichtig bei der Projektanalyse?», frage ich. Die Teilnehmer wissen das. Schließlich kennt sich jeder halbwegs aus im Projektmanagement:

- Wir müssen die Ausgangssituation fürs Projekt beschreiben.
- Wir müssen festlegen, wo genau wir hinwollen.

- Welche Hindernisse könnten auftauchen?
- Wie überwinden wir diese?

Der Clou: Wenn Sie diese vier simplen Fragen, welche die in Büchern und Seminaren hochkomplex verklausulierte Projektanalyse wiedergeben, ans Flipchart schreiben und die Antworten Ihres Teams dazuschreiben – dann haben Sie eine perfekte Projektanalyse, die darüber hinaus viel schneller war, als wenn Sie sie mit einer der komplizierten Methoden gemacht hätten. Natürlich ist diese handgestrickte Methode nicht so genau wie die Methoden aus den Büchern. Doch es fehlen in der Regel weniger als zehn Prozent Genauigkeit. Und diese zehn Prozent können Sie ganz einfach einbringen, indem Sie Ihre handgestrickte Methode durch das ergänzen, was Sie aus Buch oder Seminar gelernt haben.

Sie haben damit nichts Neues entwickelt. Doch Sie haben zusammen mit Ihrem Team etwas Eigenes entwickelt. Und darauf kommt es an. Denn wenn es nichts Eigenes ist, wird es auch nicht vom Team akzeptiert.

Teil III:
Die Wahrheit über Kunden

8. Kunden sind Idioten

Es wird immer so getan, als ob der Kunde das Wichtigste im Projekt ist. Er ist es nicht.

Das Schlimmste im Projekt sind Kunden

Projektbeteiligte versichern nach außen hin unermüdlich, dass die Wünsche des Kunden das Wichtigste und der Kunde selbst der Wichtigste im Projekt sei. Was für ein Schmarr'n, würden die bayrischen Projektleiter sagen. Wenn intern über Kunden geredet wird, klingt die Sache ganz anders. Da kommt die Wahrheit ans Licht. Hinter vorgehaltener Hand wird nämlich nach einem branchenübergreifend einheitlichen Schema über Kunden geredet: «Unsere Kunden sind doch das Letzte. Alles Idioten. Die haben nicht die geringste Ahnung,

- was sie wollen,
- was technisch machbar ist und was nicht,
- wie so was abläuft – aber dreinreden tun sie uns ständig,
- was so was kostet,
- wie lange so was geht,
- wie aufwändig das ist.»

Diese Einschätzung hat in den meisten Projektteams dazu geführt, dass man den Kunden am liebsten aus dem Weg geht, sich am Telefon verleugnen lässt und nur im äußersten Notfall Termine außerhalb der vereinbarten Meetings zulässt. Warum sollte man sich auch mit diesen Idioten mehr abgeben als unbedingt nötig? Weil man eines übersehen hat:

Wenn ein Kunde sich wie ein Idiot verhält, hat ihn jemand

dazu gemacht. Wer? Der Projektleiter und sein Team. Zumindest hat jener nichts dagegen unternommen, dass ein Kunde sich idiotisch aufführt.

Der Idiot ist eine Rolle, die Ihr Kunde spielt. Helfen Sie ihm in eine andere Rolle – wenn Sie möchten. Wie das geht, betrachten wir in den folgenden Abschnitten über die vier häufigsten idiotischen Verhaltensweisen von Kunden.

Der Kunde spielt den Kontrollidioten: Binden Sie ihn ein!

Der Kunde will nicht nur Fixpreis und Fixtermin, er kontrolliert auch misstrauisch alles doppelt und dreifach, was ihm das Projektteam präsentiert. Das Team tippt sich kollektiv an die Stirn: «Der spinnt doch. Seine Kontrollwut hält uns von der Arbeit ab! Der behindert sein eigenes Projekt.»

Man kann nur verändern, was man versteht.

Warum spielt der Kunde den Kontrollidioten? Wozu macht er diesen Aufstand? Ganz einfach: Wer überzogen kontrolliert, fühlt sich unsicher. Er glaubt, nicht auf dem Laufenden gehalten zu werden. Es fehlt ihm an Kontakt zum Projekt. Diesen glaubt er, mit Kontrolle zu erreichen. Drehen Sie das um: Ersetzen Sie die Kontrolle des Kunden durch Kontakt.

Geben Sie ihm ausreichend Kontakt, bevor er kontrollieren muss. Hat der Kunde ausreichend Kontakt, hört er auf, sich wie ein Idiot zu benehmen – Sie werden es erleben. Stellen Sie ihm zwei Kontaktmöglichkeiten zur Verfügung. Fragen Sie ihn:

- «Wie wollen Sie über das Projekt informiert werden?» Wenn Sie ihn von sich aus umfänglich und häufig informieren, muss er von sich aus nicht kontrollieren.
- «Wie wollen Sie eingebunden werden?» Will er zum Beispiel bei Meetings dabei sein, bei Vorentwurf-Vorstellungen, Tests usw.?

Der Kunde ist unzuverlässig: Seien Sie sein Problemberater!

Was Projektteams zur Weißglut bringt, ist die Unfähigkeit vieler Kunden, sich um ihr Projekt zu kümmern: Sie liefern nicht die vereinbarten Vorleistungen oder Informationen und überraschen mit verqueren Änderungswünschen.

Ärgern Sie sich ruhig. Aber fragen Sie auch: Warum ist der Kunde unfähig? Meist, weil er Probleme hat, seine gegebenen Zusagen einzuhalten. Die Probleme haben ihn überrascht.

Kunden mit Problemen brauchen einen Problemberater: Sie. Wer sollte es sonst sein?

Ein erfahrener Projektleiter weiss, dass bestimmte Kunden sich wie Idioten benehmen, indem sie ihre eigenen Probleme weder vorhersehen noch meistern (können). Also
- denkt er ihre Arbeitspakete für sie voraus;
- macht er sie auf mögliche Probleme aufmerksam;
- zeigt er ihnen Lösungen auf;
- motiviert er sie zum Gebrauch dieser Lösungen, indem er ihnen zeigt, wie überaus wichtig ihr Projektbeitrag letztlich für den Projekterfolg doch ist und welche Arbeitspakete verzögert werden, wenn der Beitrag nicht rechtzeitig kommt.

Hemmnisse bei der Problemberatung

Sie finden diese Problemberatung des Kunden aufwändig? Das ist sie. Aber denken Sie daran: Sie haben noch sehr viel mehr Aufwand, Stress und Ärger mit dem Projekt, wenn Sie diesen Aufwand nicht auf sich nehmen.

Es ist nicht Ihre Aufgabe, die Probleme des Kunden vorherzusehen und ihm bei der Lösung zu helfen? Absolut richtig. Es ist nicht Ihre Aufgabe. Doch wenn Sie es nicht zu Ihrer Aufgabe machen, dann haben Sie sehr viel mehr Ärger am Hals, als wenn Sie die Problemberatung auf sich nehmen.

Zu einem professionellen Projektleiter gehört mehr als bloß die fachliche Seite. Ein guter Projektleiter ist auch Problemberater seines Kunden.

Der Kunde hat keine Ahnung: Klären Sie ihn auf!

Kunden werden am schnellsten als Idioten tituliert, wenn sie keine Ahnung haben, was geht und was nicht, wie aufwändig, teuer und zeitintensiv ein Projekt ist. Warum haben viele Kunden keine Ahnung? Weil ihnen der fachliche Hintergrund fehlt (sonst könnten sie das Projekt selber machen).

Ist Ihr Kunde fachlich unaufgeklärt, ärgern Sie sich ausgiebig – und klären Sie ihn auf. Wer sollte es sonst tun?

«Aber ich sag ihm doch dauernd, was geht und was nicht!» Und er kapiert es immer noch nicht?

Wenn der Kunde etwas einfach nicht kapiert, dann deshalb, weil Sie es ihm noch nicht so gesagt haben, dass er es kapieren kann. Ändern Sie das!

Sprechen Sie zum Kunden so, wie Sie zu Ihrer Mutter, Ihrem Vater, zum Bruder oder zur Schwester reden würden, wenn Sie das Projekt erklären müssten:

- geduldig,
- ohne jede Fachsprache,
- für Laien einleuchtend,
- für Laien nachvollziehbar,
- vergewissern Sie sich, dass der Kunde verstanden hat.

Wie man sich des Kundenverständnisses vergewissert? Sie wissen das nicht? Das spricht nicht gerade für Ihre betriebliche Personalentwicklung. Dabei ist es ganz einfach:

Das Prinzip der Paraphrase: Lassen Sie den Kunden kritische Punkte einfach in seinen eigenen Worten umschreiben (paraphrasieren) – dabei sehen Sie am schnellsten, ob ers kapiert hat.

Der Kunde macht aus einem Hügel ein Gebirge: Seien Sie ein guter Bergführer!

Sobald auch nur das klitzekleinste Problemchen auftaucht, klingelt der Kunde sofort nach dem Vorstandsvorsitzenden, um sich zu beschweren, oder bricht einen Riesenstreit vom Zaun. Einhelliges Urteil der Projektteams: «Der Kunde spinnt doch!» Stimmt das? Nein.

Wenn ein Kunde aus einer Mücke einen Elefanten macht, dann deshalb, weil er sich führerlos fühlt.

Unsichere Kunden wollen an die sichere Führungshand genommen werden – sonst gibt es Konflikte beim kleinsten Anlass. Sie möchten einen starken Projektleiter, der sie sicher durch alle Schwierigkeiten führt: einen Bergführer.

Seien Sie der Bergführer im Projekt. Nehmen Sie den Kunden und führen Sie ihn mit starker Hand.

Was müssen Sie tun, damit Sie ein guter Bergführer sind?

1. Treffen Sie klare Entscheidungen, statt einmal so, ein andermal so zu entscheiden, auf die lange Bank zu schieben, alles breit zu diskutieren oder wegen jeder Kleinigkeit immer alle im Projekt zusammenzuklingeln: Das sind Zeichen von Unsicherheit, mit denen Sie den Kunden provozieren.

2. Setzen Sie klare Grenzen, anstatt dem Kunden alles durchgehen zu lassen, sein Darling sein zu wollen («Ja, ja, das machen wir schon für Sie!»): Haben Sie den Mut, sich auch mal unbeliebt zu machen. Das zeigt dem Kunden, dass Sie ein sicherer Bergführer sind, bei dem sich eine Eskalation nicht lohnt.

3. Geben Sie dem Kunden Orientierung, anstatt dauernd das Ruder aus der Hand zu geben und ihm Entscheidungen zu überlassen: Das sind Zeichen von persönlicher Schwäche.

4. Stehen Sie für Ergebnisse und Abläufe persönlich ein, anstatt sich hinter vertraglichen Vereinbarungen zu verstecken: «Aber wir hatten das doch so vereinbart!»

Wer soll das alles tun?

Die korrekte Kundenführung erfordert hohe persönliche Anforderungen? Gewiss. Aber Ihre hohen fachlichen Anforderungen erfüllen Sie ja auch. Warum? Weil Sie schließlich dafür ausgebildet wurden. Von nichts kommt nichts. In guten Unternehmen bekommen Sie als Projektleiter diese persönliche Ausbildung. In weniger guten müssen Sie sich selber ausbilden – oder die Kundenführung funktionsweise delegieren:

• Große Teile der Kundenführung können Sie an den zuständigen Account Manager in Ihrem Unternehmen (sofern vorhanden) delegieren: Dieser wurde nämlich dafür ausgebildet. (Sie nicht, was, falls es zutrifft, ein Versäumnis Ihres Vorgesetzten ist.)

- Die Rolle des Aufklärers (wenn der Kunde fachlich keine Ahnung hat, siehe oben) können Sie auch an ein Teammitglied abtreten, welches fachkompetent, kommunikationsfreudig und beziehungsfreundlich ist. Jedes Team hat (mindestens) ein solches.

Alle Funktionen der Kundenführung können Sie delegieren – bis auf jene des Bergführers.

9. Der Kunde pfeift auf Ihre Kompetenz

Der Projektleiter glaubt, dass der Kunde ohne die Expertise des Projektleiters verloren ist. Der Kunde pfeift aber auf den Experten.

Der Besserwessi-Effekt

Der normale Projektleiter nimmt an, dass der Kunde ihm den Projektauftrag gibt, weil er das Projekt selbst nicht hinkriegt. Logisch, nicht? Der Projektleiter weiß, wies gemacht wird – deshalb engagiert ihn der Kunde. Der Projektleiter ist der Experte, der Kunde der «technische Laie», wie er von Projektteams genannt wird. Deshalb zeigt der Experte dem Laien, wies gemacht wird. Was macht der unbedarfte Laie? Fällt er vor dem Projektleiter auf die Knie und dankt ihm dafür mit zitternder Stimme? Nicht die Bohne. Und diese Undankbarkeit macht Projektleiter fassungslos. Warum? Weil sie einer fetten Lüge aufgesessen sind, die ihnen von Auftraggebern, Topmanagern und Kollegen vorgelogen wird: Der Fachexperte ist Gott und der Kunde bloß Laie.

Tatsächlich finden es die Kunden in der Regel, pardon, «zum Kotzen, wie dieser Projektleiter sich aufspielt. Alles, was er sagt, ist richtig, und alles, was wir wollen, ist entweder falsch oder ‹technisch nicht machbar›», wie Kunden durch die Bank klagen.

Der Kunde braucht den Projektleiter zwar – doch er hasst seine Besserwisserei.

Wenn Kunden befragt werden, wie sie mit ihrem Projektleiter zufrieden sind (gut geführte Unternehmen machen das tatsächlich), fallen dabei erstaunliche Aussagen, woraus wir einige repräsentative herausgreifen: «Überheblicher Bursche. Arrogant.» – «Wirft mit Fremdwörtern um sich.» – «Sitzt im Elfenbeinturm und will uns Praktikern etwas erzählen.» – «Er geht einfach nicht auf unsere Wünsche ein.»

So reden Kunden doch alle! Das ist normaler Umgangston! Kunden mosern und Projektteams machen. Was soll daran schlecht sein?

Wen schert es, wenn der Kunde mosert?

Hinter der Expertenlüge verbergen sich zwei der folgenschwersten Fehler im Projektmanagement. Der erste Fehler ist, dass es zu solchen Unmutsäußerungen von Kunden überhaupt kommen kann. Der zweite Fehler ist, dass sie als normal abgetan werden. Vielleicht sind sie tatsächlich normal – doch das ist nicht die Frage. Die Frage ist vielmehr: Welche Konsequenzen hat das?

Es hat schwerste Konsequenzen, wie die Erfahrung zeigt. Denn es bleibt in der Regel nicht dabei, dass Kunden mosern. Nein, sie mosern, weil sie unzufrieden sind. Und wer unzufrieden ist, nimmt das Projekt nicht ab, wenn es «fertig» ist. Zumindest fordert er ständig Zusatzleistungen, um seine Unzufriedenheit zu beseitigen. Diese Zusatzleistungen kosten zusätzliche Zeit, wodurch sich das Projekt verzögert – was der Kunde dem Projektleiter vorwirft. Außerdem verursachen sie zusätzlichen Aufwand und Kosten, um deren Übernahme endlos gestritten wird. Und das alles bloß, weil Kunden sich darüber aufregen, dass Projektleiter sich wie der Allmächtige aufspielen. Warum tun sie das? Warum tun Sie das?

Spielen Sie gerne Gott?

Kunden hassen die Besserwisserei der Projektleiter. Machen Projektleiter das absichtlich? Treiben sie absichtlich ihre Kunden auf die Palme? Nein. Sie machen das ganz unbewusst. Das ist schlimmer, weil es einem eben überhaupt nicht bewusst ist. Man weiß buchstäblich nicht, was man da macht.

Warum spielen Projektleiter unbewusst den Besserwessi? Weil sie sich viel zu sehr auf die fachliche Seite ihres Projekts konzentrieren. Von der fachlichen Seite verstehen sie allerdings mehr als der Kunde. Das lassen sie ihn spüren. Darin liegt der Fehler. Lassen Sie ihn das bloß nie spüren!

Nicht mal andeutungsweise. Das leuchtet Ihnen ein? Sicher leuchtet das ein. Doch was hilft das? Lassen Sies deshalb beim nächsten Kundengespräch bleiben? Mit Sicherheit nicht.

Wenn Sies den Kunden früher gewohnheitsmäßig «spüren» ließen, dann müssen Sie diese schlechte Gewohnheit durch eine gute ersetzen. Raucher wissen, wie das geht. «Man muss siebzehnmal eine Zigarette ablehnen, bevor sich die neue Gewohnheit bildet», ist ein verbreiteter Merkspruch. Das mag nicht exakt zutreffen. Doch es zeigt:

Eine neue Gewohnheit zu bilden, schafft man nur durch Wiederholung.

Die Sprachgewohnheit ändern

Was machen Sie also, wenn der Kunde wieder einen völlig hanebüchenen Änderungswunsch vorbringt? «Das ist technisch nicht machbar!» Nein. Sondern: «Warum möchten Sie das? Was möchten Sie damit erreichen?» Damit finden Sie heraus,

- welches Interesse hinter seinem Wunsch steckt,
- welches Ziel er damit erreichen möchte,
- und können ihm einen im Gegensatz zu seinem Vorschlag technisch machbaren Weg vorschlagen, sein Interesse zu wahren und sein Ziel zu erreichen.

Sie können das, denn Sie sind der Experte. Er kann das nicht – deshalb macht er den hanebüchenen Vorschlag. Und noch eines: Sagen Sie dem Kunden auch gleich (oder nach Nachkalkulation), was seine Extrawurst kostet.

Dann geben nämlich die meisten Kunden den Wunsch auf oder übernehmen wenigstens (teilweise) die Kosten.

«Wenn Sie die Prismenschnittstelle nivellieren, kommt es an der Peripherie zu Interferenzen.» Logisch, was auch sonst? Der Kunde wird Ihnen auch nicht sagen: «Reden Sie deutsch, Mann!», weil er Angst hat, sich als technischer Laie zu outen. Deshalb wartet er, bis er Ihnen eins auswischen kann, und rächt sich dann. Möchten Sie das? Natürlich fühlt man sich gut, wenn man vor dem Kunden mit ein paar knackigen Euphemismen und Akronymen angeben kann. Doch danach kommt der Katzenjammer – so sicher wie nach acht Pils. Sind die paar Fremdworte diesen hohen Preis wert? Das entscheiden Sie. Denn Sie müssen den Preis bezahlen:

Verwenden Sie nur Ausdrücke, von denen Sie sicher sind, dass sie der Kunde versteht. Weil er sie
a) selber benutzt oder weil Sie
b) sie ihm einfach, verständlich und nachvollziehbar erklärt haben.

Sie können zu einem Kunden nicht wie zu einem Kollegen reden. Eher wie zu einem interessierten Mann auf der Straße.

Wollen Sies dem Kunden zeigen?

Dass man gegenüber Kunden sich nicht mit Fremdwörtern aufspielen soll, ist jedem Projektleiter klar. Warum tuns die meisten trotzdem? Dafür gibt es zwei Gründe. Der erste Grund: Weil mans eben oft nicht merkt. Dagegen hilft nur:

Achten Sie ganz bewusst auf Ihre Worte.

Beobachten Sie sich quasi selbst beim Sprechen. Hören Sie sich selber zu. Das geht schon nach wenigen Versuchen tadellos. Für das menschliche Hirn ist so eine Doppelaufgabe mit etwas Übung ein Klacks. Der zweite Grund ist: Projektleiter sprechen Fachchinesisch, weil sie dem Kunden zeigen wollen, welch überragenden Fachexperten er engagiert hat.

Dieser löblichen Absicht liegt ein tragischer Irrtum zugrunde: Wer Expertenlatein spricht, macht Eindruck; einen schlechten.

Der Kunde ist schwer beeindruckt. Jedoch nicht so, wie der Projektleiter sich das vorstellt: «Boah, kennt der viele Fremdwörter! Das ist sicher der Megaexperte schlechthin!» Nein, der Kunde denkt: «Was für ein arrogantes, überkandideltes, wichtigtuerisches, eingebildetes A…!» Und das denkt er jedesmal, wenn Sie fachchinesisch vom Leder ziehen. Aber wie können Sie den Kunden denn dann beeindrucken? Ganz einfach: biblisch.

Beeindrucken Sie nicht mit Worten. Beeindrucken Sie durch Taten.

Beeindrucken Sie durch Zuverlässigkeit, Termintreue, Ehrlichkeit, Offenheit, Freundlichkeit, Beratungsqualität, Verständlichkeit, Kosten- und Risikobewusstsein, Hilfsbereitschaft, Fairness, Entschlossenheit, Nutzen- und Lösungsorientierung, Verlässlichkeit, herausragende technische Lösungen, hervorragenden Service ... Sie müssen zugeben: Das überzeugt. Taten überzeugen mehr als Worte.

10. Mit dem Kunden verhandelt man nicht

Um einen Auftrag zu bekommen, muss man mit dem Kunden verhandeln. Das stimmt nicht.

Mehr Nachdruck bringt nichts

Ihre Projektverhandlungen stecken fest. Eigentlich ist schon alles geregelt, doch der Kunde sagt dauernd, dass er noch dieses prüfen muss, jene Zustimmung braucht und von Hinz und Kunz erst noch eine Genehmigung einholen muss. Der Projektleiter sitzt zwischen allen Stühlen. Denn sein Vorgesetzter macht ihm Druck: «Dann müssen Sie eben mit mehr Nachdruck verhandeln!» Doch das ist grundfalsch!

Der Projektleiter sollte nicht mit mehr Nachdruck verhandeln. Er sollte überhaupt nicht mit dem Kunden verhandeln. Denn wenn ein Kunde sich so aufführt, ist er gar nicht der Kunde.

Hinter jedem zaudernden Kunden verstecken sich andere Kunden.

Eben jene Kunden, von denen der direkte Ansprechpartner die Zustimmungen und Genehmigungen braucht. So gesehen gibt der Kunde ja schon einen Hinweis darauf, dass er kein Einzelkunde ist, sondern in einem so genannten Buying Center mit vielen anderen Entscheidern sitzt – und damit ist keine neue Firma gemeint, sondern das komplizierte Entscheidungsprozedere, das sich auch beim Kunden abspielt, egal ob *inhouse* oder *outsourced*.

Warum verhandeln dann Projektleiter häufig nur mit diesem einen Kunden? Weil sie glauben, das reicht! Sie denken, dass sie über diesen einen Kunden auch alle anderen, dahinter versteckten Kunden erreichen. «Ich verhandle mit ihm, und er muss das eben mit seinen innerbetrieblichen Stellen verhandeln!» Das ist ein Irrtum, wie das lange Warten auf die längst überfällige Entscheidung eindrücklich beweist.

Mit Kunden hinter Kunden verhandeln

Ihre Verhandlungen laufen bedeutend schneller ab, und Sie kommen wesentlich schneller zum Abschluss, wenn Sie mit mehreren Kunden verhandeln. Wie kommen Sie an die versteckten Kunden heran? Auf zwei Arten: direkt oder indirekt.

Die direkte Art: Holen Sie alle wichtigen Entscheider an einen Tisch.

Dann klopfen Sie das Projekt gemeinsam fest. Wegen der bekannten Terminknappheit im Topmanagement ist das nicht immer möglich. Dann verhandeln Sie eben indirekt. Fragen Sie Ihren direkten Verhandlungspartner:
• Wer ist noch an der Entscheidung beteiligt?
• Welche Entscheidungsvorlagen benötigt dieser noch?

Welche Daten, Fakten, Zahlen, Kalkulationen, Referenzen oder Tests müssen Sie noch vorlegen, damit der Kunde hinter dem Kunden seine Entscheidung fällen kann? Welche Kriterien sind für diese Entscheidung maßgeblich? Welchen Nutzen hat der verborgene Entscheider überhaupt aus dem Projekt? Welche Argumente können Sie dafür liefern? Welche Vorbehalte hat der versteckte Entscheider? Wie können Sie diese zerstreuen? Welche Ziele hat der versteckte Entscheider? Wie trägt Ihr Projekt dazu bei? Welche Interessen hat der Entscheider? Was kann Ihr Projekt dafür tun?

Die Vorteile dieser indirekten Vorgehensweise liegen auf der Hand: Ihre Verhandlungen laufen sehr viel schneller ab. Und Sie machen sich einen Freund fürs Leben. Ihr direkter Kunde ist Ihnen ewig dankbar, dass Sie ihm im bürokratischen Kampf gegen seine Vorgesetzten und die Pfründefürsten in seinem Unternehmen helfen. Außerdem ist er es ja, der die Lorbeeren erntet, wenn er die anderen alle überzeugt hat und danach das Projekt ein Erfolg wird. Das ist Dienstleistung am Kunden.

Wenn das so einfach ist, warum machen es dann nicht alle?

Weil viele Projektleiter sagen: «Ich bin Projektleiter und doch kein Verkäufer!» Das kommt darauf an, ob Sie ein Projekt haben wollen oder nicht. Sie kriegen Kunden in einem Buying Center nur, wenn Sie als Verkäufer oder Dienstleister, nicht wenn Sie lediglich als Projektleiter auftreten.

Wenn Sie kein Dienstleister sein wollen oder können, dann müssen Sie sich sträubende Kunden in einem Buying Center ganz schnell aussortieren, damit Sie nicht noch mehr Zeit über sie verlieren. Investieren Sie diese Zeit lieber in Kunden, die Sie als Projektleiter akquirieren können.

Oder Sie nehmen sich einfach einen Verkäufer aus Ihrem Unternehmen mit. Das machen viele Projektleiter. Dann lernt der Verkäufer von Ihnen, und Sie lernen von ihm – beide profitieren. Irgendwann haben Sie so viel gelernt, dass Sie auch allein ein Buying Center knacken können.

Ein Tipp für Fortgeschrittene: Das Buying Center macht meist auch mitten im Projekt Probleme, weil irgendein Entscheider «dazwischenfunkt». Gerade in Großprojekten führt das zu meist haltlos verfahrenen Situationen. In solchen Situationen hilft eine Methode besonders schnell und effektiv: die Organisationsaufstellung. Fragen Sie Ihren betrieblichen Personalentwicklungsreferenten danach, betreiben Sie Internetrecherche oder nehmen Sie einfach Kontakt mit uns auf.

11. Was der Kunde will, interessiert keinen

Manche glauben, man sollte stets versuchen, die Wünsche des Kunden zu erfüllen. Das sollte man nicht.

Der Kunde weiß nicht, was er will

Kunden wissen nicht, was sie wollen. Das weiß jeder Projektmanager, der mehr als zwei Projekte gemacht hat. Dass der Kunde keine Ahnung hat, ist keine große Sache. Denn exakt für diese Situation hat man den Projektleiter erfunden. Er ist der Experte, der dem Kunden sagt, was gut für ihn ist. Betrachten wir zwei Beispiele.

Der Kunde sagt zum Software-Projektleiter: «Ich brauche ein effektives Management-Informationssystem.» Als der Projektleiter nachfragt, was das System denn alles können soll, erhält er als Antwort: «Da müssen eben alle Daten herein, damit ich einen Überblick über sämtliche Kunden, Sparten und Produkte erhalte.» «Aha», denkt der Projektleiter, «der Kunde meint ein Customer Relationship System», konzipiert eines, präsentiert diese Konzeption nach Wochen harter Konzeptionsarbeit und erfährt dann, dass der Kunde es sich inzwischen anders überlegt hat: «Aber damit kann ich doch gar nicht bis in die GuV hineinplanen!» Der Projektleiter kocht vor Wut: «Erst will er Customer Relationship, jetzt will er ein Bilanz-Simulationssystem. Der weiß auch nicht, was er will!»

Zweites Beispiel: Ein Unternehmen möchte von einer Internetagentur «einen modern gestalteten Web-Auftritt, mit dem wir Kontakt zu unseren Kunden halten können». Die Agentur entwirft, so modern sie nur kann. Explodierende Raumschiffe, Fanfaren, Animationen … Der Kunde ist entsetzt: «Was soll das Brimborium? Finden Sie das für ein E-Mail-Forum etwa angemessen?» Erst will der Kunde «Modernes», dann will er plötzlich etwas so Altbackenes wie ein E-Mail-Forum. Der Kunde weiß offensichtlich nicht, was er will.

Dass Kunden keine Ahnung haben, ist Allgemeinwissen unter Projektleitern. Man hat sich schon daran gewöhnt, dass der Kunde es sich wöchentlich anders überlegt. Aber stimmt das wirklich? Nein. Die Wahrheit ist:

Der Kunde weiß wohl, was er will – das interessiert nur keinen.

Der Konzeptionsreflex

Wenn Sie die beiden obigen Beispiele aufmerksam angeschaut haben, wird Ihnen etwas aufgefallen sein, was auch in Ihrer Praxis der Auftragsklärung häufig vorkommt:

Der Kunde eiert endlos herum, verwendet Fachbegriffe falsch, äußert widersprüchliche Wünsche, will mehr als technisch machbar ist und ist sich im Übrigen nicht im Klaren, was er denn nun genau will und was nicht. In dieser Situation ultimativer Unklarheit fällt jeder normale Projektleiter auf einen berufsbedingten Reflex herein: auf den Konzeptionsreflex. Er ist quasi der Kniesehnenreflex der Auftragsklärung. Kaum sagt der Kunde zwischen dem unklaren Zeugs, das er redet, etwas halbwegs Verständliches, ergreift der Projektleiter diese aufblitzende Orientierungshilfe wie den rettenden Strohhalm und denkt: «Ah! Endlich weiß ich, was er will. Er möchte …» Und dann denkt er sich den Namen des Konzepts, das ihm spontan einfällt. In unserem ersten Beispiel quasselte der Kunde etwas von Kunden, Sparten und

Produkten – da dachte der Projektleiter sofort an Customer Relationship Management.

Leider lag er damit voll daneben. Warum? Weil der Konzeptionsreflex zwar nahe liegt, aber stets zu voreiligen Schlüssen führt. Wer zu erraten versucht, was der Kunde möchte, liegt fast immer daneben.

Wenn der Kunde unklares Zeug redet, versuchen Sie nicht zu erraten, was er möchte. Finden Sie es heraus.

Das Frage-Antwort-Spiel

Zugegeben: Wenn der Kunde wirres Zeug redet, ist die Versuchung riesengroß, einfach jene Bruchstücke aus seinem wirren Zeug herauszupicken, die Sinn machen, und daraus eine Konzeption zu stricken. Vor allem, wenn der Projektleiter dabei eine seiner Lieblingsideen anbringen kann. So ist ein Hamburger Unternehmensberater bekannt dafür, dass er auffällig viele Logistikprojekte an Land zieht. Nicht etwa, weil seine Kunden so viele Logistikprobleme hätten, sondern weil er ein Logistikspezialist ist und in jedem wirren Zeug, das ein Kunde redet, unfehlbar das Logistikproblem entdeckt. Wessen Lieblingswerkzeug der Hammer ist, der sieht überall nur Nägel ...

Natürlich merkt der Kunde irgendwann, dass ihm eine Musterlösung aufgepfropft wurde, die nicht das löst, was er eigentlich gelöst haben wollte. Dann fordert er stürmisch Änderung oder Nachbesserung – was das Projektteam mit den Worten quittiert: «Der weiß nicht, was er will!» Das stimmt eben nicht. Widerstehen Sie deshalb der Versuchung, dem Kunden zu geben, was dieser nicht will:

- Ziehen Sie keine voreiligen Schlüsse. Widerstehen Sie der Versuchung, Licht in die unklaren Äußerungen des Kunden zu bringen, indem Sie eine passende Musterlösung anbieten.

- Verdrängen Sie jeden Gedanken an eine Musterlösung und stellen Sie sich bewusst dumm. Tun Sie so, als ob Sie nicht die leiseste Ahnung hätten, was der Kunde wirklich will.
- Halten Sie vielmehr die Wünsche des Kunden vollständig, also in so vielen Punkten wie möglich, fest.
- Notieren Sie diese in den Worten des Kunden. Übersetzen Sie die Kundenwünsche also nicht ins Fachchinesisch – *dabei verfälschen Sie bereits die Kundenwünsche.*

Man muss nicht Einstein zu sein, um zu erkennen, dass man mit dieser Vorgehensweise voreilige Schlüsse vermeidet. Das Problem ist nur: Diese Vorgehensweise ist so einfach, dass die meisten Projektmanager nicht wissen, wie man dabei vorgeht. Sie sind im Normalfall so begeistert von einer Superlösung, die sie einem Kunden verkaufen möchten, dass sie völlig verlernt haben, zuzuhören, ob die Superlösung überhaupt auf das Problem des Kunden passt. Falls Sie sich in dieser verständlichen Lage befinden, hilft Ihnen die folgende Liste, den Wunsch Ihres Kunden möglichst vollständig zu erfassen.

Übersicht: Was will der Kunde eigentlich?

Je genauer und zuverlässiger Sie den Wunsch Ihres Kunden beschreiben, desto weniger wird er Sie mit Änderungswünschen traktieren. Das gelingt Ihnen mit folgenden Fragen:

1. Was genau wünscht sich der Kunde? (Zielgrößen)
2. Was genau macht er mit dem Projektergebnis? (Verwendung)
3. Wozu soll das Projektergebnis dienen? (Zweck)
4. Warum wünscht er sich überhaupt das Projekt? (Anlass)
5. Was muss das Projekt alles können? (Leistungsniveau; Muss- und Soll-Ziele differenzieren!)

6. Was muss es nicht oder nicht unbedingt können? (Nonscope Question)
7. Wie lange darf das Projekt dauern? (Termine)
8. Wer soll das Projektergebnis nutzen? (Endanwender)
9. Welche Erfahrungen hat er bereits auf diesem Gebiet? (Eventuelle Vorprojekte)
10. Was möchte er auf jeden Fall vermeiden? (Kritische Themen, Tabus)
11. Was soll unbedingt erhalten bleiben? (Nonchange Question)

Die Grobkonzeption vorstellen

Sie werden bemerken: Bei den Antworten auf die obigen elf Fragen kommt meist etwas ganz anderes heraus, als wenn Sie dem Konzeptionsreflex gefolgt wären und über die unklaren Kundenwünsche einfach eine Musterlösung gestülpt hätten. Mit diesen Antworten erstellen Sie nun eine Grobkonzeption, die Sie dem Kunden vorstellen. Verknüpfen Sie dabei die notierten Kundenwünsche mit den Projektmerkmalen: «Sie sagten, dass Sie eine große Betriebssicherheit (Frage 1) wünschen. Entspricht die phasenweise Qualitätssicherung unserer Konzeption Ihrem Wunsch?»

Bei der Vorstellung Ihrer Konzeption achten Sie vor allem auf alle Einwände, Bedenken und Ja-aber des Kunden. Verkneifen Sie sich, diese Bedenken zu übergehen, bloß weil «der Kunde schon wieder nicht weiß, was er will». Nehmen Sie diese Bedenken ernst. Fragen Sie den Kunden: «Wie hätten Sies denn gerne?» und modifizieren Sie Ihre Grobkonzeption entsprechend.

Aber Vorsicht: Versuchen Sie den Kunden niemals davon zu überzeugen, dass seine Änderungswünsche mit der vorliegenden Grobkonzeption durchaus bereits machbar sind.

Diesen Fehler begehen die meisten Projektmanager. Warum? Weil es immerhin stimmt: Mit der Projektkonzeption können die Änderungswünsche des Kunden meist schon realisiert werden. Der Haken daran: Der Kunde glaubt das nicht. Er denkt, Sie verteidigen Ihre Konzeption und wollen sie ihm auf jeden Fall verkaufen, indem Sie ihm einzureden versuchen, dass seine Änderungswünsche längst berücksichtigt seien. Spinnt der Kunde? Gegenfrage: Würden Sie als Kunde nicht dasselbe glauben, wenn Ihnen ein übereifriger Projektmanager sein Konzept verkaufen würde?

Also verweisen Sie den Kunden bezüglich seiner Änderungswünsche nicht auf die bestehende Konzeption. Sagen Sie vielmehr: «Sie haben völlig Recht. Das ändern wir sofort und umfänglich.» Danach ändern Sie die nötige winzige Kleinigkeit und präsentieren diese dem Kunden in aller Ausführlichkeit. Er wird zufrieden sein. Warum? Weil er nicht wie nach dem Verweis auf die bestehende Projektkonzeption denkt: «Die blocken meine Wünsche ab!», sondern weil er vielmehr denkt: «Die reagieren aber prompt auf meine Wünsche!» Genau das wollen Sie erreichen.

Warum tuns die meisten nicht?

Einfach, nicht? Wenn der Kunde nicht weiß, was er will, fragt man ihm ganz einfach so lange ein Loch in den Bauch, bis die elf Fragen beantwortet und alle Unklarheiten beseitigt sind. Wenn das so einfach ist, warum machens dann nicht alle Projektmanager so? Warum stellen sie ihren Kunden nicht einfach so lange Fragen, bis alles klar ist?

Dafür gibt es gute Gründe. Im Wortlaut der Projektmanager: «Der Kunde muss schließlich wissen, was er will!» – «Wenn der

Kunde nicht weiß, was er will, ist er selber schuld.» Rein objektiv betrachtet, stimmt das natürlich. Leider bringt die rein objektive Sichtweise hier nichts. Denn ihre Folgen kennen wir bereits: Wenn der Kunde nicht weiß, was er will, hat nicht er darunter zu leiden, sondern das Projektteam, weil der Kunde ständig mosert: «So habe ich mir das aber nicht vorgestellt!», und Nachbesserungen fordert.

Sich am Kunden für seine Unklarheiten zu rächen, indem man ihm einfach liefert, was er unbedacht von sich gegeben hat, ist zwar ein beliebter Racheakt – doch den Ärger damit haben letztlich Sie.

Viele Projektmanager scheuen sich auch deshalb davor, einem Kunden elf Fragen zu stellen, weil sie das für aufdringlich halten. Der Denkfehler daran: Der Kunde hält das nicht für aufdringlich. Der Kunde hält die Fragerei nur dann für unangebracht, wenn der Projektmanager wie ein Oberlehrer die Fragen herunterleiert und missmutig Kreuzchen auf seinem Notizzettel macht. Solche Kollegen gibt es auch. Natürlich erwischt auch ein Projektmanager mal einen schlechten Tag. Doch wenn das öfter passiert, sollte der Kollege sich fragen, ob er nicht den Beruf verfehlt hat. Ein Projekt hat nun mal Kunden, und wenn man nicht mit diesen umgehen kann, dann ist auch die ganze Fachkompetenz keinen Pfifferling wert – aus Sicht des Marktes. Und der Markt bezahlt das Gehalt.

Kann ein Projektmanager dagegen mit Kunden umgehen (das kann man übrigens trainieren, wenn auch nur auf guten PM-Seminaren), dann stellt er offen und interessiert die berühmten elf Fragen und der Kunde denkt: «Endlich mal einer, der sich unsere Wünsche anhört, ohne es gleich besser zu wissen!» Nun wissen Sie auch, warum gute Kunden in letzter Zeit nicht mehr so sehr auf den Preis eines Projektes achten, sondern auf den Service und die Leistung, die sie kriegen.

Einige Projektmanager stellen Kunden auch deshalb keine Fragen, weil sie glauben, der Kunde denke dann: «Wer viel fragt, hat keine Ahnung.» Diese Furcht ist fast schon neurotisch. Die Annahme ist einfach an den Haaren herbeigezogen. Der Kunde denkt nämlich immer das Gegenteil. Er denkt: «Wer viel fragt, hat viel Erfahrung.» Das ist dann doppelt tragisch: Der Projektmanager, der nicht fragt, weil er glaubt, dann vom Kunden als ahnungslos abgestempelt zu werden, wird vom Kunden als ahnungslos abgestempelt, gerade weil er nicht fragt. Projektarbeit kann so einfach sein, wenn man sie nicht unnötig kompliziert.

12. Dem Kunden ist der Preis egal

Projektmanager glauben: «Kunden entscheiden nur nach Preis!»
Das stimmt nicht.

Der Preis-Mythos

Es gibt keinen Projektmanager, der nicht hin und wieder über den harten Wettbewerb und vor allem über den extremen Preisdruck klagt: «Die Kunden entscheiden nur noch nach Preis!» Deshalb kalkulieren viele Unternehmen ihre Projekte mit minimalen Margen und schätzen die Aufwände für die Projekte schon fast fahrlässig optimistisch, um den Preis so weit wie möglich zu drücken. Die Folge: Möglicherweise kriegt man wegen des Dumpingpreises das Projekt, hat jedoch keine große Freude daran.

Denn das Projekt ist kaum noch rentabel. Akquiriert man genügend dieser renditeschwachen oder gar unrentablen Projekte, ruiniert man damit das Unternehmen langfristig oder treibt es in Verkauf oder Fusion. Das wissen die meisten Projektmanager auch. Deshalb gehen sie das mühsam ergatterte Projekt auch mit minimaler Motivation an. Im Übrigen müssen sie beim nächsten Mal noch weiter mit dem Preis runter, weil mit jedem unrentablen Preis natürlich der Preiskampf unter den Anbietern angeheizt wird.

Und das alles nur, weil die Kunden nur noch nach Preis entscheiden. Denkste. Dass Kunden nur nach Preis entscheiden, ist blanker Aberglaube. Woher stammt dieser anachronistische Aberglaube?

Woher der Aberglaube stammt

Warum glauben Projektmanager, dass Kunden nur nach Preis entscheiden? Dass sie den Projektauftrag nur an den billigsten Bieter vergeben? Weil sie in der Vergangenheit bei zu vielen Projekten die Erfahrung gemacht haben: Der Kunde zahlt nicht das, was das Projekt tatsächlich kostet. Also ist der tatsächliche Preis zu hoch! Das klingt einleuchtend, ist aber ein fulminanter Fehlschluss. Wie kommt dieser Fehlschluss zustande?

In den meisten Projekten sind die tatsächlich anfallenden Aufwände größer als angenommen. Wir kennen das vom Hausbau oder von der Handwerkerrechnung: Der Voranschlag wird meist drastisch überschritten. Der Häuslebauer oder Reparaturkunde zahlt meist zähneknirschend. Der Projektkunde meist nicht. Warum auch? Er hat schließlich eine Rechtsabteilung, die auf den Projektvertrag pocht und meint: «Leute, dieser Aufwand war nie vereinbart!» Also zieht der verärgerte Projektmanager den Schluss: «Dem Kunden ist der tatsächliche Preis zu hoch!» Das ist natürlich Unfug.

Dass die meisten Kunden den tatsächlichen Aufwand nicht bezahlen, liegt nicht daran, dass die meisten Kunden den tatsächlichen Aufwand nicht bezahlen wollen, sondern dass die Aufwände aus Sicht des Kunden offensichtlich falsch (da zu niedrig) geplant wurden und jeder halbwegs zurechnungsfähige Kunde nicht für Planungsfehler seines Lieferanten geradestehen möchte. Das würden Sie als Kunde auch nicht wollen. Macht man Projektleitern diesen simplen Zusammenhang zwischen Fehlplanung und Preisverweigerung in Coaching oder Training klar, fallen den meisten auch prompt die Schuppen von den Augen: Der Kunde schielt nicht ständig nach dem Preis. Im Gegenteil:

Kein vernünftiger Kunde entscheidet nach dem Preis.

Auch Sie kaufen ein Produkt ein, wenn Sie davon überzeugt sind, dass es das bringt, was Sie sich von ihm erhoffen – und bezahlen gerne seinen Preis.

Der Kunde zahlt jeden Preis – wenn er an die Lösung glaubt

Tatsächlich ist dem Kunden der Preis zunächst piepegal. Und das wissen auch die meisten Projektmanager, wenn sie sich an Äußerungen von Kunden erinnern, die ein Projekt gekauft haben, das sie anderswo viel billiger hätten haben können. Diese Kunden sagen meist fast wörtlich: «Natürlich hätte ich das bei ... billiger bekommen können. Doch mein Lieferant liefert das eben so, wie ich es haben möchte.» Merke:

Für einen vernünftigen Kunden ist nicht der Preis entscheidend. Entscheidend ist für ihn, dass er kriegt, was er sich wünscht, und dass spätere Änderungswünsche mit vernünftigen Aufwänden realisiert werden.

Das heißt: Nicht der Preis, sondern die individuelle Optimallösung und faire Folgekosten sind die Chefkriterien, nach denen Unternehmen Projekte in Auftrag geben. Aus dieser Erkenntnis ergeben sich ganz konkrete Handlungsempfehlungen für Ihre Auftragsverhandlungen.

Wie Sie Ihren Preis durchsetzen

Verhandeln Sie lösungsorientiert.
Ködern Sie den Kunden nicht mit einem künstlich herunterkal-

kulierten Preis. Verhandeln Sie ganz einfach so, dass der Kunde am Ende sagt: «Das ist genau das, was ich will.» Wie Sie zu dieser Ideallösung kommen, wissen Sie inzwischen (siehe «Auftragsklärung», Kapitel 11, Seite 83): fragen, fragen, fragen. Das heißt: Verhandeln Sie nicht preisorientiert, sondern lösungszentriert. Dem Kunden ist der Preis egal, solange er noch nicht einmal Ihre Lösung kennt! Und wenn er die Lösung kennt, ist ihm der Preis auch egal – denn er bekommt ja, was er sich wünscht.

Kunden mosern nur dann am Preis herum, wenn die Leistung nicht stimmt. Wenn ein Kunde übern Preis klagt, schrauben Sie also nicht am Preis herum, sondern an Ihrer Lösung.

Verhandeln Sie so, dass der Kunde kriegt, was er will.
Verhandeln Sie so, dass der Kunde nicht nur von der Lösung überzeugt ist, sondern auch davon, dass er diese optimale Lösung auch tatsächlich sicher bekommt.

Bei Projektverhandlungen ist Zuverlässigkeit (nicht der Preis) der springende Punkt.

Viele Firmen versprechen eine Optimallösung – doch die meisten Kunden bezweifeln, ob sie diese tolle Lösung nach 14 Monaten Projektlaufzeit tatsächlich auch bekommen. Wenn Sie das Pech haben, bei einem kleinen Unternehmen zu arbeiten, werden Sie das ständig hören: «Ich finde Ihre Lösung echt super und Ihre Technik viel besser als alles andere – doch bei ... (das konkurrierende Großunternehmen) habe ich eben die Garantie, dass die Lösung auch nach 14 Monaten steht.» Dieser typische Kundenspruch kommt nicht von ungefähr. Er bedeutet: Das kleine Unternehmen hat die bessere Lösung – doch das Großunternehmen hat die zuverlässigere Lösung.

Um Ihren Preis durchzusetzen, müssen Sie Ihren Kunden nicht nur von Ihrer Lösung, sondern auch von Ihrer Zuverlässigkeit überzeugen.

Wie überzeugen Sie den Kunden von Ihrer Zuverlässigkeit? Indem Sie sein Vertrauen gewinnen. Wie? Indem Sie eine überwältigende Anzahl von unzweifelhaften, seriösen, absolut glaubwürdigen, stichhaltigen und unwiderlegbaren Belegen für Ihre Zuverlässigkeit vorlegen. Solche Belege können sein:

- Referenzen
- Empfehlungsschreiben
- Erfolgsquoten
- Statistiken
- Erfahrungsberichte von zufriedenen Kunden
- Zahlen aus dem Projekt-Controlling, wie Quote der gehaltenen Termine
- die eigene Tradition
- Anzahl der Kunden
- Expertise auf Ihrem Gebiet
- Pressemeldungen (wer clever ist, lanciert diese selber)

Ein hervorragender Beleg für die Zuverlässigkeit ist auch die ultimative Transparenz eines exzellenten Projekt-Reportings. Zeigen Sie dem potenziellen Auftraggeber, mit welchen Berichten und mit wie vielen Zwischenterminen Sie dafür sorgen werden, dass er minuziös über den Fortgang seines Projektes informiert werden wird.

Kalkulieren Sie realistisch.
Kalkulieren Sie Ihre Aufwände nicht wie bislang und wie üblich optimistisch, sondern realistisch. Wenn der Kunde von Ihrer Lösung und Ihrer Zuverlässigkeit überzeugt ist, dann akzeptiert er auch Ihren Preis – selbst wenn dieser ... Prozent über dem der

Konkurrenz liegt. Das ist es doch, was die Erfahrung der letzten Jahre zeigt: 80 Prozent der Kunden entscheiden sich gerade nicht mehr für die Billigheimer (weil sie damit böse Erfahrungen gemacht haben), sondern für teurere Anbieter – wenn und sofern sie von Qualität und Zuverlässigkeit überzeugt sind.

Impfen Sie den Kunden gegen Preiseinwände.
Ja, diese Impfung gibt es tatsächlich. Wenn Sie dem Kunden nämlich die Aufwände für das Projekt transparent machen, wird er keine Preiseinwände erheben. Zeigen Sie ihm, welche Leistung wie viel kostet. Der Kunde weiß selbst, was eine Ingenieurstunde kostet, und kann das viel besser nachvollziehen, als wenn Sie – was leider einige Projektmanager machen – in Bausch und Bogen sagen: «Kostet zwei Millionen!» Sobald Sie Transparenz herstellen, sieht der Kunde, dass Ihre Aufwände nicht überzogen, nicht aufgebläht sind und dass er einen fairen Preis bekommt. Zeigen Sie ihm die einzelnen Kostenpositionen anhand der Projektstruktur. Dann sieht er, was jeder einzelne Meilenstein, was die einzelnen Projektteile kosten. So sieht er viele kleine Kostenpositionen, die er versteht – und nicht lediglich eine Riesensumme, die er nicht nachvollziehen kann.

Nach diesen vier Schritten akzeptiert der Kunde Ihren Preis.

Wenn einem was am Herzen liegt, zahlt man auch den Preis dafür.

13. Kunden zahlen gerne drauf

Viele Projektmanager glauben: «Der Kunde will alles, aber nichts dafür bezahlen.» Das stimmt nicht.

Alles wollen, nichts bezahlen

Kein Projekt geht ohne Probleme ab. Eines der heftigsten Probleme ist der Preis. Der Preis eines Projektes ist nicht deshalb problematisch, weil der Kunde ihn nicht bezahlten möchte, sondern weil so viele Lügen über den Preis kursieren. Eine davon haben wir im vorangegangenen Kapitel entlarvt. Jetzt wenden wir uns einer zweiten zu.

«Der Kunde will alles, aber nichts dafür bezahlen!» Nahezu jeder Projektleiter hat diesen Satz schon einmal gehört oder gesagt. Warum? Weil Kunden berühmt sind für Aussprüche wie: «Wenn Sie gerade sowieso dabei sind, dann machen Sie doch noch bitte schön dies und das. Das ist doch sicher eine Kleinigkeit für Sie.» Das ist es natürlich nicht, und das weiß der Projektleiter auch. Gerade solche Kleinigkeiten ziehen meist beträchtliche Aufwände nach sich. Doch berechnet man diese Aufwände kostendeckend, steigt der Kunde auf die Barrikaden: «Wieso ist so eine Kleinigkeit so teuer?» Also will der Kunde doch offensichtlich seine Extrawürste nicht bezahlen!

Daran glauben viele Projektleiter mit einer Vehemenz, die fast militant ist. Da schwingt viel Frustration mit: «Unsere Kunden wollen immer das Beste – aber bezahlen wollen sie dafür nicht.» Gewiss, diese Schlussfolgerung drängt sich auf. Doch sie ist nichtsdestoweniger ein Fehlschluss. Dass dieser Fehlschluss wie ein Mantra ständig wiederholt wird, macht ihn zu einer Schutzlüge, hinter der sich ein Projektmanager verstecken kann, der sich nicht an die eigene Nase fassen möchte. Denn die unbequeme Wahrheit ist:

Wenn ein Kunde eine Extrawurst will, bezahlt er auch dafür – oder verzichtet darauf.

Wenn ein Kunde einen Sonderwunsch nicht bezahlen möchte, ist nicht der Kunde, sondern der Projektleiter schuld.

Die Basispreis-Taktik

Die Mehrheit der Projektmanager glaubt, dass Kunden ihre Extrawünsche nicht bezahlen wollen. Einige wenige Projektmanager glauben das Gegenteil. Und nicht nur das. Sie bringen ihre Kunden sogar dazu, jeden Extrawunsch extra zu bezahlen – oder darauf zu verzichten. Wie schaffen diese beneidenswerten Kollegen das? Sie verhandeln mit der Basispreis-Taktik.

Diese Verhandlungstaktik kennt jeder, der schon mal ein Auto gekauft hat: Eine Karosserie mit Rädern bekommt man bereits für 12 000 Euro. Wer darüber hinaus so notwendige Dinge wie eine Klimaanlage, einen Dachträger oder eine Lackierung möchte, bei deren Anblick man nicht erblindet, zahlt drauf. Und gerne.

Sonderausstattung ist eben extra. Wenn sie ein Auto kaufen, wissen Projektmanager das auch. Doch sobald sie wieder in ihrem Projekt sind, vergessen acht von zehn Projektleitern diesen Zusammenhang. Warum? Weil die meisten keine Verkäufer sind. Sie lassen sich vom Kunden über den Tisch ziehen. Das passiert zwangsläufig, wenn ein professioneller Einkäufer auf einen Amateurverkäufer trifft. Dabei ist die Sache einfach: Sobald der Kunde eine Grundausstattung gekauft hat, zahlt er

automatisch gerne und wie selbstverständlich für jede Sonderausstattung drauf.

Der springende Punkt ist: Sie müssen den Kunden dazu bringen, die Grundausstattung zu kaufen. Dazu ein Beispiel. Den
deutschen Installateuren geht es, wie allen Handwerkern, schlecht.
Bei Neubauten unterbieten sich die Installateure gegenseitig so
aggressiv, dass man nicht weiß, ob man lachen oder weinen soll,
wenn man den Zuschlag bekommt. Tatsächlich ist mit diesen
Aufträgen, die früher 80 Prozent der Rendite brachten, kein Ge-
schäft mehr zu machen, weil sie gerade noch die Kosten decken.
Deshalb haben in den letzten Jahren viele Handwerker das Hand-
tuch geworfen. Jene, die es nicht geworfen haben, machen ebenfalls mit den Erstaufträgen eher Minus. Doch ihnen geht es
glänzend, wie ein Elektro-Installateur, Vorgesetzter von sieben
Monteuren erklärt: «Mit dem eigentlichen Auftrag decken wir gerade Material- und Lohnkosten. Damit ist der Basisauftrag abge-
deckt. Doch der Basisauftrag wird so gut wie nie ausgeführt.
Denn sobald wir den Auftrag haben, zeigen wir dem Bauherrn,
was es über die Basislösung hinaus noch alles an schönen neuen
Dingen gibt, wie toll er seinen Garten zusätzlich ausleuchten
kann und wie die neuste Alarmanlage funktioniert.»

Mit dieser Sonderausstattung, die mit dem fünffachen Deckungsbeitrag kalkuliert ist, macht dieser Handwerker inzwischen 80 Prozent seines Gewinns, während seine Mitbewerber,
die brav den Basisauftrag ausführen, einer nach dem anderen
Pleite gehen. Betrug am Kunden? Nein. Der Kunde bezahlt nur
für das, was er möchte und braucht. Wie beim Auto: Wer Alufelgen möchte, bezahlt gerne dafür. Wenn der Autohändler ihm die
Alufelgen gratis gibt, ist er selber schuld.

Verkaufen Sie dem Kunden zunächst nur die Basislösung.

Präsentieren Sie ihm die Basislösung. Verkneifen Sie sich jeden Hinweis auf Extras, auch wenn der Kunde schon davon spricht. Zeigen Sie ihm, was alles in der Basislösung drin ist und was er dafür bezahlen wird. Dieses Vorgehen ist seit langen Jahren in der Praxis getestet, sodass wir zuverlässig sagen können: Der Kunde ist nach der Präsentation der Basislösung (welche natürlich keine Magermilchlösung sein darf) ganz zufrieden und denkt sich ungefähr: «Da ist ja alles drin, was ich im Grunde brauche. Über Extras reden wir dann noch.» Dieser Entschluss fällt ihm umso leichter, als die Basislösung natürlich einen angenehm niedrigen Preis hat – weil eben alle Extras außen vor sind.

Wichtig ist allein: Der Kunde muss die Basislösung voll und ganz akzeptieren. Er muss sie kaufen. Damit haben Sie schon gewonnen. Denn mit der Basislösung kauft er in Wirklichkeit auch den ganzen Rest.

Der Sinn der Basislösung

Sobald der Kunde die Basislösung explizit anerkennt und innerlich kauft, haben Sie gewonnen. Denn implizit erkennt er auch an, dass alle seine darüber hinausgehenden Wünsche rechnungsfähige Sonderleistungen sind. Und selbst falls er das jemals vergessen sollte, können Sie ihn immer daran erinnern: «Das ist in der Basislösung nicht drin. Das machen wir aber, gegen Berechnung, versteht sich, selbstverständlich gerne!»

In der Regel vergisst der Kunde über die Basislösung seine Extrawünsche. Es ist ihm viel zu lästig, über Extras zu reden, wenn er erst einmal die Basislösung schnell und einfach unter Dach und Fach bringen kann. Die Extras kann er ja später immer noch zur Sprache bringen. Was machen Sie dann?

Haben Sie eine Basislösung vereinbart, ist der Umgang mit

Extrawürsten ganz leicht. Sobald der Kunde mit einem Extra-wunsch kommt, gehen Sie wie folgt vor:

Kalkulieren Sie die Extrawurst realistisch, das heißt zumindest kostendeckend, wenn nicht mit üblicher Gewinnmarge.

Schaffen Sie Kostentransparenz. Damit beugen Sie üblichen Kundenfragen vor. Führen Sie den Aufwandsnachweis, indem Sie zeigen, welche Aufwände der Extrawunsch nötig macht. Was eine Arbeitsstunde kostet, weiß der Kunde auch. Nach diesem Schritt sagt oder denkt der Kunde: «Hinter dieser Kleinigkeit steckt mehr Aufwand, als ich gedacht hätte.»

Dann stellen Sie die Schlüsselfrage: «Ist Ihnen diese Kleinig-keit den Aufwand wert?» Egal, wie die Antwort ausfällt, Sie haben gewonnen. Entweder die Sache ist es dem Kunden nicht wert – dann sparen Sie Aufwand. Oder sie ist es ihm wert – dann wer-den Sie kostendeckend bezahlt.

Reingefallen?

Die meisten Projektleiter lassen sich ganz zu Beginn überrum-peln, wenn der Kunde sagt: «Die Kleinigkeiten, die zwischendrin auftauchen, müssen im Preis natürlich drin sein!» Oft sind Pro-jektmanager so froh, den Auftrag ergattert zu haben. Was sie nicht erkennen, sind die Kosten dieser Zustimmung: Damit verhindern sie die Basispreis-Lösung und geben dem Kunden einen Freibrief zur Vernichtung der Projektrendite. Lassen Sie sich deshalb nicht vom Kunden überrumpeln. Erwidern Sie: «Natürlich machen wir alle Änderungen und Extras gerne. Wenn dadurch zusätzlicher Aufwand über das übliche Bagatellmaß hinaus nötig wird, möch-ten wir diesen berechnen wie jede andere Leistung auch, für die wir bezahlt werden. Selbstverständlich werden wir Ihnen vorher immer eine Aufwandsschätzung geben.»

14. Die Konkurrenz ist nicht billiger

Die meisten Projektleiter glauben: «Die Konkurrenz ist viel billiger als wir!» Das stimmt nicht.

Fata Morgana Preisvorteil

Viele Projektmanager machen die Rendite ihres eigenen Projektes kaputt, indem sie mit dem Preis nach unten gehen. Warum? Weil die Kunden bei der Konkurrenz kaufen. Warum das alles? «Weil die Konkurrenz billiger ist als wir!» Das ist zwar eine hübsche Ausrede, aber leider falsch.

Die Konkurrenz ist nicht billiger, weil sie billiger ist, sondern weil sie «vergessen» hat, Leistungen aufzulisten.

Eigentlich liegt das auf der Hand: Der globale Wettbewerb ist gerade deshalb so hart, weil keiner der Anbieter entscheidende Kostenvorteile hat. Auch die Konkurrenz kocht nur mit Wasser. Dahinter kommt man recht schnell, wenn man das Konkurrenzangebot genauer anschaut. Leider tun das viele Projektmanager nicht, weil sie so sehr daran glauben, dass die Konkurrenz billiger ist, dass sie gar nicht auf den Gedanken kommen, das Konkurrenzangebot
- genauer unter die Lupe zu nehmen,
- vom Kunden genauer unter die Lupe nehmen zu lassen.

Diese grandiose Selbsttäuschung wird dadurch noch zementiert, dass viele Projektleiter glauben, sogar einen Beweis für den Preisvorteil der Konkurrenz zu haben: «Beim letzten Mal», sagt ein

Projektmanager, «bin ich mit dem Preis deutlich nach unten gegangen – und habe prompt den Auftrag geholt!» Was heißt das? Dass der Preis entscheidet! Nein, das heißt vor allem, dass der Projektmanager niemals dahinter kommt, dass die Konkurrenz Leistungen unterschlägt.

Der Preisvorteil der Konkurrenz ist in 90 Prozent der Fälle eine Illusion. Doch diese Illusion entsteht so unbewusst im Kopf des Projektmanagers, dass er ganz gewohnheitsmäßig annimmt, dass die Konkurrenz es eben doch irgendwie geschafft hat, billiger anzubieten. Diese Gewohnheit sollten Sie sich abgewöhnen.

Prüfen Sie das Angebot der Konkurrenz

Bilden Sie eine neue Gewohnheit. Wann immer Sie denken oder der Kunde sagt: «Die Konkurrenz ist billiger!», gewöhnen Sie sich an, zu sagen: «Dann lassen Sie uns mal gemeinsam die Leistungen vergleichen.»

Egal, was bei dieser Prüfung herauskommt, Sie gewinnen dabei. Im Normalfall gewinnen Sie, weil Sie zusammen mit dem Kunden tatsächlich nachweisen können, dass der Konkurrent eben einige Leistungen unterschlagen oder Aufwände zu optimistisch angesetzt hat. Da Sie es sind, der diesen Beweis führt, können Sie sich an den Fingern einer Hand abzählen, wem der Kunde danach den Auftrag gibt. Sicher nicht der Konkurrenz, die Leistungen unterschlägt.

Sollte der unwahrscheinliche Fall eintreten und der Konkurrent tatsächlich bei gleicher Leistung billiger anbieten, wissen Sie dank der Prüfung seines Angebots wenigstens genau, wie er das anstellt, und können deshalb mittelfristig gleichziehen, indem Sie Ihren Wertschöpfungsprozess effizienter gestalten. Sie sind sozusagen kostenlos zu einem Benchmarking gekommen. Wenn Sie das Projekt dann noch wollen, können Sie immer noch mit dem Preis heruntergehen. Der Kunde sieht bei diesem Vergleich natürlich genau, dass Sie dabei etwas von Ihrer Marge abgeben, und wird dies sehr zu schätzen wissen. Das heißt, er gibt eher Ihnen den Auftrag. Denn jeder Kunde schätzt es, wenn man sich um ihn bemüht.

Die Prüfung des Konkurrenzangebotes hat sich in der Projektpraxis als eine Art Wunderwaffe erwiesen. Mit ihrem Einsatz holen sich etliche Projektleiter bereits verloren geglaubte Aufträge zurück. Warum? Weil sich der Kunde natürlich fragt: «Wie ernst ist es dem Billiganbieter denn mit seinem Angebot?»

Schließlich sitzt nicht der Billiganbieter neben dem Kunden und prüft Angebote, sondern Sie. In puncto Glaubwürdigkeit, Vertrauenswürdigkeit, Seriosität, Kundenorientierung und Zuverlässigkeit liegen Sie damit klar vorne. Und weil Zuverlässigkeit bei der Projektvergabe die halbe Miete ist (siehe Kapitel 12, Seite 91), hängen Sie damit den Konkurrenten ab.

Natürlich macht es ein wenig Mühe, das Konkurrenzangebot Leistung für Leistung zu überprüfen. Dafür kommt bei dieser Prüfung jedoch weitaus mehr heraus, als wenn Sie einfach mit dem Preis runtergehen.

Wenn das so einfach ist …

Wenn das so einfach ist, warum machen es dann nicht alle Projektmanager? Weil es noch einfacher ist, einfach mit dem Preis runterzugehen oder auf den Auftrag zu verzichten, als Leistung für Leistung des Konkurrenzangebotes zu überprüfen oder so lange am Kunden dranzubleiben, bis dieser selbst die Angebote Leistung für Leistung verglichen hat.

Warum entscheiden sich viele Projektleiter für diese einfache und erfolglose Option? Weil es ihnen genügt. Sie verweisen darauf, dass die Konkurrenz billiger ist, und obwohl weder ihnen noch ihren Vorgesetzten das schmeckt – man gibt sich damit zufrieden. Das ist der springende Punkt: Wer sich damit zufrieden gibt, dass die Konkurrenz angeblich billiger ist, hält diese Ausrede wie ein Schutzschild hoch und versteckt sich dahinter.

Wem das jedoch nicht genügt, wer sich damit nicht zufrieden geben will, wer der Konkurrenz nicht kampflos das Feld überlassen will oder die eigene Marge opfern will, der kommt früher oder später dahinter, sich das Konkurrenzangebot etwas genauer anzuschauen.

Satte Projektleiter glauben, dass die Konkurrenz billiger ist. Erfolgsorientierte Projektleiter prüfen das nach.

Wie hungrig sind Sie?

15. Der Kunde will Unmögliches? Geben Sies ihm nicht!

Gerade Geschäftsleitungen predigen meist: «Man muss dem Kunden geben, was er will. Auch wenn er Unmögliches möchte!»
Das ist blanker Unfug.

Unmöglich ist nicht der Kundenwunsch, sondern die Reaktion darauf

Wenn sich Projektmanager in unseren Seminaren und Coachings Luft machen, ist eine der häufigsten Klagen: «Unser Kunde will das Unmögliche!»

Natürlich nickt der ganze Seminarsaal verständnisvoll, wenn eine Projektleiterin oder ein Projektleiter diese Klage erhebt. Schließlich kennen wir alle unsere Pappenheimer. Wir wissen, wie unvernünftig Kunden sein können. Wir wissen, dass sie als Laien eben keine Ahnung davon haben, was technisch machbar ist und was nicht. Sie wünschen sich total innovative Wunderlösungen, möchten dafür aber nur so viel bezahlen wie für ein Standardprojekt.

Es ist zwar immer wieder erstaunlich, wenn ein Kunde in blauäugiger Naivität Unmögliches möchte. Noch viel erstaunlicher aber sind die Reaktionen der Projektteams darauf. Wie reagieren Projektleiter, wenn der Kunde Unmögliches verlangt? Wie reagieren Sie? In der Praxis sind zwei Reaktionen zu beobachten. Der Projektleiter

- hält den Kundenwunsch schlicht für technisch unmöglich oder nicht finanzierbar – und verliert den Auftrag.
- nimmt den unmöglichen Auftrag an und versucht, das Unmögliche möglich zu machen. Denn der Kunde hat zwar keine Ahnung, doch man muss ihm geben, was er will.

Wie finden Sie beide Reaktionen? So verständlich Sie sie jetzt noch finden, am Ende des Kapitels werden Sie sie schlicht unmöglich finden. Denn wenn der Kunde Unmögliches verlangt, gibt es nur ein Gegenmittel:

Verlangt der Kunde Unmögliches, geben Sie es ihm nicht!

Warum nicht? Weil das für Sie zu teuer kommt. Wenn ein Kunde offensichtlich Unmögliches verlangt

- und Sie das nicht leisten können oder wollen, verlieren Sie Auftrag und Umsatz. Das können Sie sich in auslastungsschwachen Zeiten nicht leisten.

- und Sie das Unmögliche möglich machen (weil Sie den Auftrag brauchen), dann zahlen Sie meist drauf, weil Unmögliches in der Regel teurer ist, als der Kunde zu bezahlen bereit ist.

In beiden Fällen sind Sie der Dumme. Und ganz unnötig obendrein. Denn:

Das Unmögliche ist nicht unmöglich

Wenn ein Projektleiter wutschnaubend «Unmöglich!» vor sich hin murmelt, sind wir als fachkompetente Kollegen natürlich schnell mit unserem Verständnis und unserem Mitgefühl beim Kollegen. Doch genau da liegt das Problem: Es fällt auf, dass das, was auf den ersten Blick technisch oder finanziell unmöglich erscheint, auf den zweiten Blick nicht unmöglich ist, sondern nur so verstanden wurde. Doch dieser zweite Blick wird meist nicht riskiert. Stattdessen fallen die meisten Projektmanager auf eine Art Reflex herein:

Der Unmöglich-Reflex: Der Projektmanager hört, was der Kunde möchte, und denkt sofort reflexhaft und automatisch: «Unmöglich!»

Das ist schon der ganze Fehler. Ziemlich einfach, nicht? Deshalb ist der Schutz vor unmöglichen Kundenwünschen ebenfalls ziemlich einfach: Meckern Sie nicht «Unmöglich!», sondern fragen Sie erst mal nach.

Lassen Sie sich auf keinen Fall vom ersten Anschein täuschen. Werfen Sie einen zweiten Blick auf die Sache. Lösen Sie die Unmöglichkeit auf:

Fragen Sie sich und/oder den Kunden:
1. Was genau will der Kunde überhaupt?
2. Warum will er das? Wozu?
3. Was ist ihm daran so überaus wichtig?
4. Wie kann man das anders, einfacher und billiger erreichen?

Unmögliches möglich machen

Die vier obigen Checkfragen leuchten erfahrenen Projektmanagern unmittelbar ein. Viele berichten wenige Wochen nach Seminarende: «Wenn man unmögliche Kundenwünsche mit diesen vier Fragen hinterfragt, stellt sich das Unmögliche rasch als möglich heraus.» Frage 1 entlarvt das vermeintlich Unmögliche zum Beispiel oft als reines Missverständnis.

So verlangt der Marketingleiter eines Investitionsgüterherstellers von einem Produktmanager, dass er eine Produktlebenszyklus-Studie sämtlicher jemals vom Unternehmen hergestellter Produkte erstelle. Der Jungmanager erleidet fast einen Herzinfarkt: «Wie bitte? Ich soll von 759 Produkten über 59 Jahre hinweg Umsatz- und Kostenzahlen zusammentragen? Die wurden in den ersten zwanzig Jahren doch überhaupt nicht dokumentiert!» Während er ein Projektteam aus Controllern, Pensionären und EDV-Leuten zusammenstellt, fragt die Teamsekretärin den Marketingleiter: «Da haben Sie unserem Benjamin ja eine unmögliche Aufgabe gegeben. Wollen Sie wirklich sämtliche Kostenverläufe aller Produkte?» Darauf der Marketingleiter: «Wie kommen Sie darauf? Ich will nur wissen, wann die Produkte eingeführt und wann sie vom Markt genommen wurden!» Der Marketingleiter wollte also nichts Unmögliches, er wusste lediglich nicht, was eine Produktlebenszyklus-Studie ist. Peinlich, dass nicht der Projektleiter, sondern die Sekretärin dieses Missverständnis aufklärte.

Frage 2 (Seite 105) lautete: Warum und wozu will der Kunde Unmögliches? Unterhalten Sie sich mit dem Kunden darüber, und Sie werden schnell feststellen:

Wünsche und Interessen von Kunden klaffen oft auseinander.

So wollte ein Kunde eines Messgerätebauers die Messung eines Prozesses innerhalb einer hochsensiblen Prozesszone. Der Projektleiter: «Das ist technisch nicht machbar!» Nach stundenlangen fruchtlosen Verhandlungen fiel es ihm ein, den Kunden mal zu fragen, warum er denn eine Messung wolle, deren Technik noch nicht erfunden war. Der Kunde: «Damit wir endlich genauere Messdaten bekommen.» Darauf der Projektleiter: «Das können Sie heute Nachmittag noch für 4 Euro 50 bekommen, wenn wir eine Vorher-Nachher-Messung einbauen!» Der Kunde wollte also nichts Unmögliches. Er wollte es lediglich genauer haben (Interesse), dachte aber, dass nur eine superteure und technisch nicht machbare Intraprozessmessung dies ermögliche (Wunsch).

Hören Sie also nicht so sehr darauf, was der Kunde sich wünscht (Wunsch), sondern was er wirklich will (Interesse).

Frage 3 (Seite 105) läuft in eine ähnliche Richtung: Was ist dem Kunden an seinem unmöglichen Wunsch so überaus wichtig? Unerfahrene Projektmanager fallen meist auf einen Denkfehler herein, indem sie denken: «Er will das Unmögliche, weil es ihm eben wichtig ist.» Wenn Sie Frage 3 stellen, werden Sie herausbekommen, dass dem Kunden bei seinem Wunsch meist etwas ganz anderes, als Sie gedacht hatten, wichtig ist. Und dieses andere Wichtige ist im Gegensatz zum ursprünglichen unmöglichen Kundenwunsch nun für Sie als Fachmann überhaupt nicht unmöglich. Wenn Sie die obigen drei Fragen gestellt und beantwortet haben, haben Sie ein Heimspiel. Denn dann kennen Sie meist schon aus dem Stand heraus die Antwort auf die vierte Frage: Wenn sich der unmögliche Kundenwunsch als gar nicht so unmöglich herausgestellt hat, wie kann ich dann das möglich machen, was sich der Kunde eigentlich wünscht? Wer über die nötige Fachkompetenz verfügt, dem fallen meist spontan ein halbes Dutzend Lösungen ein.

Werden diese vier Fragen gestellt, entpuppt sich sehr schnell, dass der Kunde mit etwas anderem sehr viel zufriedener ist als mit dem ursprünglich Unmöglichen. Sie klingen trivial, werden jedoch von unerfahrenen Projektleitern nicht gestellt. Sie erkennen diese Kollegen daran, dass sie beklagen, dass Kunden Unmögliches wollen. Jene Projektleiter, die nie über so etwas klagen, klagen nicht, weil sie die richtigen Fragen stellen.

16. Aufträge, die Sie unbedingt kriegen müssen, sollten Sie unbedingt sausen lassen

Gerade in schlechten Zeiten gibt das Topmanagement häufig Order: «Diesen Auftrag müssen wir unbedingt kriegen!» Das müssen Sie nicht.

Sie können nur verlieren

Es gibt Aufträge, die man unbedingt haben muss. Weil man den Umsatz braucht, weil es ein namhafter Kunde ist, weil man einen Fuß in die Tür eines bestimmten Unternehmens bekommen will, weil es ein Prestigeprojekt ist, weil das Projekt sich um eine Breakthrough Technology dreht … Deshalb investiert der Projektleiter besonders viel Mühe und Zeit in die Konzeption, für besonderen Aufwand in die erste Präsentation beim Kunden und kalkuliert vor allem besonders scharf, damit das Projekt nicht am Preis scheitert. Klingt vernünftig? Gewiss, doch es kommt in der Regel etwas total Unvernünftiges dabei heraus:

Entweder Sie kriegen das Projekt nicht – und ärgern sich.

Oder Sie kriegen es – und ärgern sich auch.

Wenn Sie das Projekt nicht kriegen, was häufig passiert, ärgern Sie sich, weil Sie so viel Mühe und Zeit vergeudet haben. Schon ein normales Projekt vorzubereiten und zu präsentieren, kostet eine Menge Aufwand. Für das unbedingt zu akquirierende Projekt haben Sie noch viel mehr drangesetzt – und eine Niete gezogen. Manche schließen daraus: «Das nächste Mal mache ich mir noch mehr Mühe!» Doch auch beim nächsten Mal klappts nicht unbedingt. Warum nicht?

Es gibt keine Korrelation zwischen Konzeptionsaufwand und Akquisitionserfolg.

Wenn es diesen Zusammenhang gäbe, würde immer jener Anbieter den Auftrag bekommen, der sich die meiste Mühe macht. Das wäre zu einfach. Dafür bräuchte man keine Verkaufsingenieure. Warum hat Aufwand nichts mit Auftragserteilung zu tun? Weil:

Der Kunde gibt den Auftrag, wenn Kunde und Auftragnehmer zusammenpassen.

Das hat nichts mit Aufwand zu tun. Im Gegenteil. Wer einen Riesenaufwand betreibt und aus allen Rohren feuernd total verkrampft dem Auftrag hinterherrennt, passt zu keinem Kunden. Denn der Kunde ist nicht gern verkrampft. Der Kunde sucht Seriosität und Souveränität, Erfahrung und Vertrauenswürdigkeit, Kompetenz und Zuverlässigkeit.

Nicht der Auftrag entscheidet über das Projekt, sondern die Passung.

Was aber, wenn Sie das Projekt an Land ziehen? Dann ärgern Sie sich ebenfalls. Sie haben allen Grund dazu. Erstens haben Sie, um den Auftrag zu bekommen, so scharf kalkuliert, dass Ihre Rendite auf der Strecke bleibt. Zweitens haben Ihre Ingenieure nur auf das Prestige des Projekts oder der neuen tollen Technik oder auf den renommierten Kunden geschaut – auf die mit dem Projekt verbundenen Risiken haben sie nicht dieselbe Aufmerksamkeit verwandt. Und die sind in Prestigeprojekten sehr viel höher als in normalen Projekten! Folgerichtig fährt Ihre Rendite noch weiter in den Keller. Drittens verliert sich das Projektteam möglicherweise in allerlei technischen Spielereien, was den Aufwand unnötig aufbläht und den Rest von Rendite auch noch erledigt.

Projekte, die man unbedingt haben muss, machen nichts als Ärger.

Dies ist die Regel. Ausnahmen bestätigen dieselbe. Wir ziehen den Schluss: Es lohnt sich nicht, ein Projekt unbedingt haben zu wollen.

Clever akquirieren

Wenn Sie sich das bisher Gelesene durch den Kopf gehen lassen, wird Ihnen klar werden, wie Sie künftig mit Projekten umgehen werden, die Sie (laut Anweisung von oben) unbedingt haben müssen:

1. Sie werden auf Prestigeprojekte in der Vorbereitung und Durchführung der Akquise nicht mehr und nicht weniger Zeit, Mühe und Aufwand verwenden als auf normale Projekte. Denn es lohnt sich nicht.

2. Wenn Sie Ihre Akquise-Chancen steigern wollen, werden Sie an der Passung mit dem Kunden arbeiten (siehe Kapitel 12).

3. Sie werden gegenüber Kunde und Topmanagement begeistert von dem tollen Prestigeprojekt sein – doch Sie werden dessen Risiken besonders scharf unter die Lupe nehmen und die damit verbundenen Aufwände so realistisch wie nur menschenmöglich einschätzen und quantifizieren.

4. Gestatten Sie dem Ingenieur, Künstler oder Genie in sich selbst die Begeisterung über das tolle Projekt. Schalten Sie gleichzeitig aber auch den Profi ein, der das alles nüchtern und seriös bis zum Ende durchdenkt. Sonst hat der Künstler bald keine Arbeit mehr, von der er sich begeistern lassen kann.

5. Lassen Sie sich von niemandem (Kunde, Topmanagement) zu Konzessionen hinsichtlich des Preises hinreißen. Kalkulieren Sie erst mal durch, ob das Prestigeprojekt überhaupt rentabel machbar ist. Wenn nicht und Ihr Topmanagement möchte das Projekt trotzdem machen, dann ist das nicht Ihr Bier. Sie ha-

ben schließlich auf die Minusrendite dokumentiert und rechtzeitig hingewiesen.

Der Preisirrtum

Viele Projektmanager glauben, dass sie, um ein Prestigeprojekt zu bekommen, im Preis runtergehen müssen. Viele machen das ganz automatisch, weil die Annahme ihnen bereits in Fleisch und Blut übergegangen ist. Diese Annahme ist falsch (siehe Kapitel 12).

Sie müssen nicht im Preis runter, sondern mit der Passung hochgehen. Stimmt die Passung, akzeptiert der Kunde auch den Preis, Ihren Preis. Die Passung ist dem Kunden wichtiger als der Preis. Denn der Preis sagt nicht, ob am Endtermin das Ergebnis so ist, wie der Kunde sich das wünscht. Die Passung sagt ihm das dagegen.

Der Preis ist das falsche Mittel, um ein Prestigeprojekt an Land zu ziehen. Aber: Er ist das einfachere Mittel. Projektmanagementamateure benutzen häufig den Preis, weil sie die Passung nicht draufhaben. Die Passung ist ein Mittel für Profis. Amateur oder Profi – was wollen Sie sein?

17. Will der Kunde Fixpreis?
Geben Sie ihm keinen!

Die meisten von uns glauben, dass man dem Kunden einen Fixpreis geben muss, wenn er einen verlangt. Muss man nicht.

Caramba, der Kunde will Fixpreis!

Viele Kunden wollen nicht nur scheinbar Unmögliches (siehe Kapitel 15, Seite 103f.). Sie wollen das Unmögliche auch noch zum Fixpreis. Da hört sich doch alles auf! Was erwidert man als gut erzogener Projektleiter einem solchen vom nackten Wahnsinn gerittenen Kunden?

«Wir müssen erst kalkulieren, ob wir das schaffen können.»

An diesem Satz erkennen Sie einen unerfahrenen Projektleiter. Denn einen Fixpreis für ein (echtes) Projekt kann man nicht kalkulieren. Das geht überhaupt nicht. Sie werden das bemerken, sobald Sie es versuchen. Sie können gewisse Standardelemente und die Hardware kalkulieren, doch den größen-, situations- und auftragsbedingten Zeitaufwand können Sie nicht kalkulieren. In einem echten Projekt sind zu viele Elemente Neuland. Könnte man diese Imponderabilien exakt kalkulieren, wäre es kein Projekt mehr, sondern ein Auftrag von der Stange.

Trotzdem versuchen viele Projektteams, dem Kundenwunsch nachzukommen und das kalkulatorisch Unmögliche möglich zu machen. Sie kalkulieren auf Fixpreis und verkalkulieren sich dabei immer. Immer zu ihren Ungunsten: Liegen sie mit der Schätzung der unabsehbaren Positionen unter den tatsächlichen Kosten, machen sie Verlust mit dem Projekt. Liegen sie darüber, kalkulieren sie sich aus dem Markt, weil sie zu teuer sind. Was tun?

Nicht Fixpreis, sondern Fixpreiskomponenten

Wenn Ihr Kunde Fixpreis verlangt, geben Sie ihm auf keinen Fall einen Fixpreis. Sie machen sich, den Kunden und Ihr Unternehmen damit nur unglücklich. Machen Sie etwas anderes:

Bieten Sie dem Kunden jene Projektkomponenten zum Fixpreis an, die Sie exakt kalkulieren können. Bei allen anderen bieten Sie ihm an, nach Aufwand zu verrechnen.

Leuchtet das ein? Einem erfahrenen Kollegen ganz sicher. Unerfahrene Projektmanager haben so ihre Probleme damit: «Aber das wird der Kunde doch nie akzeptieren!» Deshalb probieren sies gleich gar nicht. Das ist schon so vorsichtig, dass es nicht mehr vorsichtig, sondern übervorsichtig und damit dumm ist.

Wenn Projektleiter eine aufwandsgerechte Preisstellung ablehnen, dann immer, weil in ihren Köpfen eine fette Projektlüge herumspukt: «Der Kunde empfindet eine Aufwandsverrechnung als unfair! Er hat Angst, dass ihm dabei die Kosten aus dem Ruder laufen!» Selbstverständlich ist auch eine Aufwandsverrechnung denkbar, bei der der Kunde zahlt, bis ihm schwindelig wird. Doch Sie werden wohl nicht im Ernst glauben, dass dies die einzige Möglichkeit ist, Aufwand zu verrechnen!

Die faire Aufwandsverrechnung

«Das berechnen wir nach Aufwand!» Wenn Sie das dem Kunden sagen, wird er Ihnen den Vogel oder Schlimmeres zeigen. Sie würden schließlich auch dankend ablehnen, wenn man Ihnen so eine Aufwandsverrechnung Marke «Fass ohne Boden» vorschlagen würde. Doch wer Aufwand nur nach «Fass ohne Boden» verrechnen kann, hat keine Projektkompetenz.

Es gibt sehr wohl faire Aufwandsverrechnungen, die von allen vernünftigen Kunden nicht nur sofort akzeptiert, sondern Ihnen vom Kunden auch als hervorragender Service und vorbildliche Fairness angerechnet werden.

Dafür stehen Ihnen drei Optionen zur Verfügung, die Sie in beliebiger Kombination einsetzen können. Kunden sind in der Regel mit einer Aufwandsverrechnung einverstanden, sofern Sie bei dieser Aufwandsverrechnung

1. eine Obergrenze ansetzen, was dem Kunden Sicherheit gibt, und/oder
2. den Kunden bitten, Ihnen nähere Angaben zum voraussichtlich anfallenden Aufwand zu machen, um eine solide Kalkulationsbasis für einen Fixpreis zu bekommen, und/oder
3. die Obergrenze mit einer Regelung versehen: Liegen wir drüber, teilen wir uns die Mehrkosten. Liegen wir drunter, teilen wir uns die Spanne ebenfalls.

Gehen wir die Optionen der Reihe nach durch.

Warum glauben so viele Projektmanager, dass der Kunde eine Verrechnung nach Aufwand ablehnt? Weil sie zu Recht annehmen, dass er befürchtet, die Kosten würden ihm unkontrollierbar davonlaufen. Die naive Aufwandsverrechnung ist ihm einfach zu unsicher. Heißt das, Sie sollen nie nach Aufwand verrechnen? Nein, das heißt lediglich, dass Sie dem Kunden geben sollen, was er sich eigentlich wünscht: Sicherheit. Indem Sie ihm eine Obergrenze geben, über die der Aufwand nicht steigen wird. Während ein Fixpreis niemals zu kalkulieren ist, ist eine Obergrenze durchaus kalkulierbar, sofern Sie diese nicht im Alleingang kalkulieren. Nutzen Sie die versammelte Projekterfahrung Ihres Teams und der Fachleute in den Fachabteilungen und kalkulieren Sie diese Obergrenze aus den intelligent an das aktuelle Projekt angepassten Erfahrungswerten vergangener Projekte.

Sie können diese Obergrenze umso genauer und zuverlässiger kalkulieren, je mehr Sie über die Wünsche des Kunden wissen (siehe Seite 114, Option 2).

Der Witz bei der Fixpreisforderung ist doch, dass der Kunde meist nicht genau sagt, was er alles zu diesem Fixpreis haben möchte. Wer sich als Projektmanager über so viel Dummheit beim Kunden beklagt, ist selber ein bisschen dumm. Denn man muss einfach nur sämtliche Kundenwünsche erfragen, um eine zuverlässige Kalkulationsbasis für die Aufwandsobergrenze zu bekommen.

Die dritte Option (siehe oben) bei der fairen Aufwandsverrechnung ist selbst für den Projektlaien erkennbar: Liegt der Aufwand wider Erwarten über der Obergrenze, teilt man sich die Mehrkosten. Liegt er drunter, teilt man sich die Spanne ebenfalls. Dies ist für jeden Kunden erkennbar ein kräftiger Anreiz für das Projektteam, auf die Kosten zu achten und sie so weit wie möglich unten zu halten. Viele Kunden sagen sogar: «Diese Regelung reduziert die Kosten im Projekt stärker, als ich das jemals machen könnte, selbst wenn ich dem Projektteam ständig auf die Finger schauen würde – wofür ich die Zeit nicht habe.»

Kunden sind nicht blöd

Wenn Projektmanager diese drei eben skizzierten Optionen der fairen Aufwandsverrechnung einsetzen, berichten sie einhellig: «Die Kunden akzeptieren diese Aufwandsverrechnung anstandslos!» Viele Projektteams wundern sich darüber.

Der Grund dafür ist so simpel, dass viele Projektmanager nicht darauf kommen: Weil diese Art der Verrechnung fair ist. Viele Projektmanager können es gar nicht fassen, dass dem Kunden Fairness wichtig ist, weil sie immer noch einer anderen Projektlüge (siehe Kapitel 12, Seite 90) aufsitzen: Kunden wollen immer alles nur zum billigsten Preis. Genau das stimmt eben nicht.

Kunden wollen eben nicht immer alles nur zum billigsten Preis. Kunden wollen vor allem

- Transparenz,
- Fairness und
- eine gleichmäßige Verteilung des Risikos.

Diese drei Wünsche erfüllt die faire Aufwandsverrechnung. Kunden wollen in der Regel eben nicht einseitig von einem Lieferanten abhängig sein – doch genau das sind sie, wenn sie einer Aufwandsverrechnung Marke «Fass ohne Boden» zustimmen.

Wenn Sie Ihrem Kunden die drei Optionen einer fairen Verrechnung vorstellen, signalisieren Sie ihm damit weitaus intensiver, überzeugender, seriöser und glaubwürdiger Ihre Vertrauenswürdigkeit, als wenn Sie mit Nachdruck auf die Tradition Ihres Unternehmens, Ihre lauteren Absichten und Ihre «erwiesene Zuverlässigkeit» hinweisen.

Das sind nämlich nur wohlfeile Worte, die der Kunde nicht glaubt. Im Gegenteil. Sobald Sie solche eindeutig als Werbesprüche identifizierbaren Aussagen machen, wird der Kunde Sie für einen windigen Gebrauchtwagenverkäufer halten.

116

Teil IV:
Die Wahrheit über Projektplanung

18. Projektplanung ist Unfug

*Es wird so viel über Projektplanung geschrieben, dass man unwill-
kürlich zum Schluss kommt, Projektplanung sei etwas Gutes.
Sie ist es nicht.*

Wer plant, fällt auf die Nase

Die meisten Bücher, die meisten Seminare über Projektmanagement, sind derart voll von Methoden, Techniken und Übungen,
dass die meisten Menschen inzwischen irrtümlich Projektplanung
mit Projektmanagement gleichsetzen. Trainersprüche wie «Planung ist die halbe Miete», «Nur wer plant, erreicht sein Ziel» ver-
mitteln den Eindruck (und sollen es wohl auch), dass man ohne
Netzplan, Gantt oder Planungssoftware gar nicht erst mit einem
Projekt anzufangen braucht. Also plant der arglose Projektleiter – was sich schnell als schlimmer Fehler herausstellt. Er ist einer Lüge aufgesessen.

Bisher ist noch jeder, der plante, auf die Nase gefallen.

Jeder, der schon einmal ein Projekt plante, hat dabei unweigerlich
einige schmerzhafte, karriereschädliche und peinliche Erfahrungen gemacht:

- Die meisten Planungstechniken sind schwieriger zu beherrschen als die Projektaufgabe. Die Planung ist schwieriger als
das eigentliche Projekt!
- Um diese Techniken zu beherrschen, braucht man mehr Zeit
als für das eigentliche Projekt.
- Das heißt: Planung kostet Zeit – Zeit, die dem eigentlichen
Projekt fehlt. Dabei sollte es doch andersherum sein: Planung

sollte Zeit sparen, damit man sich umso besser ums Projekt kümmern kann.

- Je aufwändiger die Planungsmethoden, desto trivialer sind deren Erkenntnisse. Man plant zwar aufwändig, doch es kommt wenig Nützliches dabei heraus.
- Die Planung ist meist schon zum Zeitpunkt ihrer Fertigstellung veraltet.

Deshalb lehnen die meisten Projektteams die Planung ab, die ihr Projektleiter ihnen vorlegt – und wenn das Team die Planung ablehnt, ist sie gestorben. Daher planen die meisten Projektleiter von kleinen und mittleren Projekten ihre Projekte überhaupt nicht, nur sehr oberflächlich oder einfach nur pro forma – «weil wir das halt so machen müssen». Diesen Missstand wird Ihnen nahezu jeder Projektleiter gerne bestätigen – doch in den gängigen Seminaren und Büchern wird die Misere totgeschwiegen; weil man die Zeit für Dringenderes braucht – zum Beispiel, um die nächste Planungsmethode zu behandeln. Verrückt ist das schon.

Sinnvolle Planung

Projektplanung macht viel Arbeit, kostet viel Zeit und bringt wenig. Für die meisten Projektleiter ist dies inzwischen die bittere Wahrheit. Das heißt, sie halten die gängigen Planungsmethoden für

- zu komplex und zu kompliziert,
- zu aufwändig,
- zu zeitintensiv,
- zu trivial (gemessen an ihren Ergebnissen).

Sie halten Projektplanung für ineffizient und ineffektiv, oder kurz: für unbrauchbar. Das heißt jedoch umgekehrt: Gäbe es eine Projektplanung, welche

- einfach und übersichtlich,
- mit minimalem Aufwand,
- und minimalem Zeiteinsatz,
- brauchbare Ergebnisse liefert,

dann würden sie diese Planung einsetzen. Und das mit Handkuss – denn die dringende und erfolgsentscheidende Erfordernis für eine zuverlässige Projektplanung bestreitet kein vernünftiger Projektleiter.

Was die wenigsten Projektleiter wissen: Es gibt diese einfache Planung schon. Sie ist lediglich nur wenigen bekannt – noch nicht einmal allen PM-Trainern, -Autoren und -Gurus. Das hat seinen Grund. Denn diese Planung wurde weder von Gurus noch Beratern, noch überhaupt am grünen Tisch entworfen – wie die meisten anderen Planungstechniken. Sie wurde von Praktikern entwickelt. Und diese haben natürlich einen geringeren Verbreitungsgrad als ein PM-Autor oder -Trainer – dafür haben sie die bessere Planung.

Wenn Sie einen dieser Praktiker kennen, kupfern Sie ungeniert von ihm ab. Falls Sie keinen kennen – in den nachfolgenden Abschnitten habe ich das Abkupfern für Sie übernommen.

Planung ist eine Frage der Größe

Der wichtigste Planungsschritt ist die Frage: Wie groß ist das Projekt?

Wann immer sich zum Beispiel Ihr Team über «die viel zu komplizierte Planung» beschwert, können Sie sicher sein, dass Sie diese Frage nicht gestellt haben. Denn:

Die Größe des Projekts bestimmt die Art der Planung.

Das leuchtet ein. Sie würden doch auch nicht Ihren Kurzurlaub in Kärnten mit einem Netzplan planen, oder? Aber genau das machen viele Projektleiter! Sie verwenden Rieseninstrumente für Winzigprojekte. Warum? Weil es so im Lehrbuch steht oder im Seminar vermittelt wurde. Dass diese Rieseninstrumente für Riesenprojekte (Autobahnen, Staudämme, Mondlandungen) entwickelt wurden, wissen sie nicht, weil es nicht im Lehrbuch stand – das wird als bekannt vorausgesetzt (oder weil es der Trainer auch nicht weiß oder nicht sagen möchte).

Planung für kleine Projekte

Wenn Ihr Projekt
- fünf Teammitglieder oder weniger und
- eine Laufzeit von 3 Monaten oder weniger hat,

ist es ein kleines Projekt. Es braucht deshalb auch eine kleine Planung. Diese spart Ihnen nicht nur Zeit, Ärger und Aufwand, nein, sie reicht auch völlig aus! Obendrein brauchen Sie zur Planung kleiner Projekte nichts Neues lernen. Sie kennen diese Planung bereits: Es ist die gute alte 4-W-Planung. Sie ist zwar jedem bekannt, wird aber nur von den wenigsten angewandt – von den wenigen erfolgreichen Projektleitern zum Beispiel.

Die 4-W-Planung
1. Wer (Ausführender) macht
2. was (Aufgabe, Arbeitspaket)
3. bis wann (Abgabetermin)
4. mit welchem wie gemessenen Ergebnis (Ziel und Erfolgskriterien)?

Projektplanung:
Die richtige Größe finden

kleine Projekte:
4-W-Planung

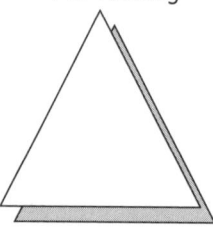

mittlere Projekte: Großprojekte:
3-Schritt-Planung   Planung nach Verhandlung

Sie können die 4-W-Planung nach Bedarf ausbauen, zum Beispiel um ein weiteres W: Wozu? Dann wird in der Planung auch noch festgelegt, wozu das Ergebnis einer Aufgabe gebraucht wird, welche späteren Teilschritte des Projekts also diese Aufgabe quasi als Vorstufe benötigen.

Die 3-W-Falle

Die Wer-was-wann-Planung ist jedem bekannt. Überraschend oft wird in Projekten auch damit geplant – trotzdem stellt sich dabei meist am Endtermin heraus, dass die Planung voll daneben ging. Denn am Endtermin kommt etwas anderes heraus, als man eigentlich geplant hatte. Warum? Weil die W-Planung nicht funktioniert? Das wird oft angenommen. Dabei ist der Grund viel einfacher:

Die W-Planung funktioniert nicht, wenn ein W vergessen wird.

Dieses vierte W wird gerade im Management so oft vergessen,

dass der Verdacht auf eine Berufskrankheit nahe liegt. Dieses Vergessen ist so typisch, dass es dazu etliche Anekdoten gibt.

Eine davon: Ein Geschäftsführer schickt während einer Sitzung seinen Assistenten los: «Holen Sie mir mal 'ne Zeitung!» Der Assistent weiß, dass der Chef die FAZ liest. Leider ist diese im Sekretariat nicht auffindbar. Also rennt er runter an den Kiosk – die FAZ ist ausverkauft. Er rast mit dem Taxi zum Bahnhof und ist nach 20 Minuten schweißgebadet zurück. Er erwartet ein Lob und kriegt einen Rüffel: «Mensch, wo waren Sie denn so lange?», moniert der Chef und schiebt die Zeitung unter das Tischbein, damit es nicht mehr wackelt.

Warum enttäuschte das Projektergebnis in diesem Beispiel alle Beteiligten? Weil der Chef das vierte W vergessen hatte: *Welches* Ergebnis wie gemessen? Der Assistent hatte eine Aufgabe – aber er hatte kein Ziel. Der Unterschied zwischen beidem ist vielen Managern nicht klar – auch wenn er kostenträchtige Folgen hat.

Es ist ein Unterschied, ob Sie jemandem ein Arbeitspaket geben oder ob dieser auch ein Ziel hat.

Gerade für Manager ist zielorientiertes Denken eine ungeheure Umstellung: Niemand von uns denkt so, niemand wurde dazu erzogen. Man sagt zwar als Manager gerne: «Es kommt nur drauf an, was dabei rauskommt!» Aber nur zehn Prozent aller Führungskräfte schauen tatsächlich bereits bei der Planung darauf, was «dabei» rauskommen soll. Man sieht das an ihrer W-Planung: Es werden durchweg nur drei W geplant. Das vierte fehlt. Damit scheitert die Planung – leider merkt man das immer erst, wenns zu spät ist. Mit wie viel W planen Sie?

Planung mittlerer Projekte

Hat Ihr Projekt
- 6 bis 30 Teammitglieder
- und eine Laufzeit von 3 Monaten bis ein Jahr,

dann planen Sie am besten mit der 3-Schritt-Planung.

Die 3-Schritt-Planung
1. Projektstrukturierung: Verschaffen Sie sich den Überblick!
   1.1 Zerlegen Sie Ihr Projekt in Teilprojekte.
   1.2 Ordnen Sie jedem Teilprojekt sein erwartetes Ergebnis zu.
   1.3 Zerlegen Sie die Teilprojekte in deren Komponenten.
   1.4 Ordnen Sie diesen Komponenten ihre Ergebnisse zu.
   1.5 Beschreiben Sie die Aufgaben und Arbeiten zu den Komponenten.
2. Planen Sie den Projektablauf
3. Risikoplanung
   3.1 Listen Sie für jedes Teilprojekt die Risiken auf.
   3.2 Legen Sie pro Risiko Wahrscheinlichkeit und Schaden fest.
   3.3 Risikovorbeugung oder -versicherung.

Diese drei Schritte betrachten wir mit ihren Unterschritten nun genauer.

Die Projektstrukturierung

Schon bei mittleren Projekten ist die Komplexität meist überwältigend: Das ganze Projekt ist einfach sooo unübersichtlich. Also verschaffen Sie sich den Überblick, indem Sie Ihr großes, unübersichtliches Projekt in übersichtliche kleine Teilprojekte zerlegen. Das bringt Struktur in das Ganze. Einen neuen Rasenmäher können Sie zum Beispiel zerlegen: in das Motor-Teilprojekt, das Gehäuse-Teilprojekt, das Markteinführungs-Teilprojekt …

Erinnern Sie sich daran, wie wichtig das vierte W (siehe oben) ist, und ordnen Sie nun allen Teilprojekten die gewünschten Ergebnisse zu nach

- Leistungs- und Qualitätsmerkmalen
- Kosten
- Endtermin
- was sonst noch als Ergebnis erwartet wird.

Zerlegen Sie nun die Teilprojekte in deren Komponenten. Das Teilprojekt «Rasenmäher-Motor» könnte zum Beispiel die Komponenten Verbrennungseinheit, Kraftübertragung, Kraftstoffversorgung … haben. Ordnen Sie auch diesen Komponenten die gewünschten Ergebnisse zu nach Qualitätsmerkmalen, Kosten und Endtermin. Beschreiben Sie danach die Aufgaben und Arbeiten, die nötig sind, um diese Komponenten zu erstellen.

Damit ist der erste Schritt schon geschafft: Sie haben Struktur in Ihr Projekt gebracht. Das war recht einfach, nicht wahr? Ob Sie diese Strukturierung tabellarisch oder in einem Lauftext machen, bleibt Ihnen überlassen. Ein Beispiel dafür können Sie auf Seite 126 sehen.

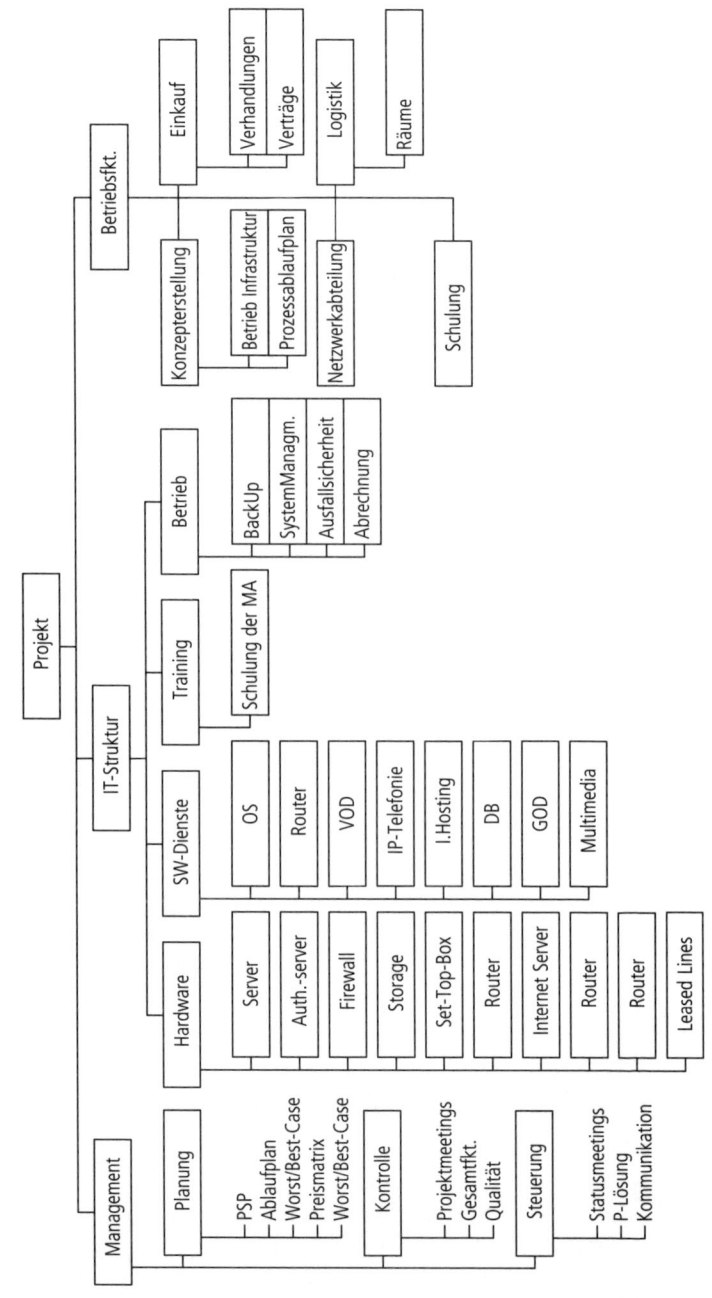

InfoNet

Projekt

Management
- Planung
  - PSP
  - Ablaufplan
  - Worst/Best-Case
  - Preismatrix
  - Worst/Best-Case
- Kontrolle
  - Projektmeetings
  - Gesamtfkt.
  - Qualität
- Steuerung
  - Statusmeetings
  - P-Lösung
  - Kommunikation

IT-Struktur
- Hardware
  - Server
  - Auth.-server
  - Firewall
  - Storage
  - Set-Top-Box
  - Router
  - Internet Server
  - Router
  - Router
  - Leased Lines
- SW-Dienste
  - OS
  - Router
  - VOD
  - IP-Telefonie
  - I.Hosting
  - DB
  - GOD
  - Multimedia
- Training
  - Schulung der MA
- Betrieb
  - BackUp
  - SystemManagm.
  - Ausfallsicherheit
  - Abrechnung

Betriebsfkt.
- Konzepterstellung
  - Betrieb Infrastruktur
  - Prozessablaufplan
- Netzwerkabteilung
  - Schulung
- Einkauf
  - Verhandlungen
  - Verträge
- Logistik
  - Räume

126

Planen Sie den Projektablauf

Machen Sie sich und dem Team klar, wie das Ganze ablaufen soll. Übertragen Sie die Endtermine der Komponenten aus Ihrer Strukturplanung (siehe oben) in eine Terminübersicht.

Ein Wandkalender ist für die Fülle der Termine zu klein, also machen Sie sich Ihren eigenen Wandkalender: Greifen Sie zum Gantt-Diagramm (siehe Schaubild auf den Seiten 128/129).

An dieser Stelle, aber erst und nur an dieser Stelle des Planungsprozesses, ist das Gantt-Diagramm sinnvoll und nützlich. Viele Projektleiter beginnen jedoch ihre Planung mit einem Gantt – anstatt erst mal zu strukturieren (siehe oben). Deshalb geht die Planung schief – obwohl man doch das viel gepriesene Gantt eingesetzt hat! Nicht obwohl, sondern gerade deshalb …

Machen Sie eine Risikoplanung

Die meisten Probleme, die ein Projekt aus dem Gleis werfen, hätten mit etwas Planung vorhergesehen und entschärft werden können – wenn man eine Risikoplanung gemacht hätte. Machen Sie eine.

Listen Sie ganz einfach im Brainstorming mit Ihrem Team sämtliche Dinge auf, die für jedes einzelne Teilprojekt schief gehen könnten. Geben Sie jedem dieser Risiken eine Eintreffenswahrscheinlichkeit (in Prozent). Einigen Sie sich auf den drohenden Schaden, der auftreten kann in Form von

- zusätzlichen Kosten
- Zeitverzögerungen
- Qualitätseinbußen

Nr.		Vorgangsname	Arbeit	Dauer	Anfang	Ende	v '98 D	M	D	F	S	S	23. Nov '98 M	D	M
1		**Infrastruktur Gesamt**	**300,6 Std.**	**24,5 Tage**	**Di 17.11.98**	**Mo 21.12.98**										
2		**Management**	**37,6 Std.**	**24 Tage**	**Di 17.11.98**	**Fr 18.12.98**										
3	✓	Terminplanung	9 Std.	1,13 Tage	Mo 23.11.98	Di 24.11.98										Patrick
4		Anforderungen prüfen	8 Std.	1 Tag	Fr 20.11.98	Fr 20.11.98					Patrick					
5	✓	Aufgaben verteilen	11 Std.	1,38 Tage	Mi 18.11.98	Do 19.11.98			Patrick							
6		Kostenkontrolle	8 Std.	1 Tag	Di 17.11.98	Di 17.11.98		Patrick								
7		Qualitätsprüfung	1,6 Std.	4 Tage	Di 15.12.98	Fr 18.12.98										
8		**HW&SW**	**27 Std.**	**6,13 Tage**	**Do 19.11.98**	**Fr 27.11.98**										
9		Beschaffung	8 Std.	1 Tag	Do 19.11.98	Do 19.11.98			Frank							
10	✓	Zusammenbau	10 Std.	1,25 Tage	Di 24.11.98	Mi 25.11.98										Fr
11	✓	Test	9 Std.	1,13 Tage	Do 26.11.98	Fr 27.11.98										
12		**OS&Netzwerk**	**24 Std.**	**2 Tage**	**Fr 27.11.98**	**Mo 30.11.98**										
13		Konfiguration OS&N	16 Std.	2 Tage	Fr 27.11.98	Mo 30.11.98										
14	✓	Installation OS&Netzwerk	8 Std.	1 Tag	Fr 27.11.98	Fr 27.11.98										
15		**Back Up**	**40 Std.**	**2,5 Tage**	**Fr 27.11.98**	**Di 01.12.98**										
16	✓	BackUp-Konzepterstellung	8 Std.	1 Tag	Fr 27.11.98	Fr 27.11.98										
17		BackUp-HW installieren	4 Std.	0,5 Tage	Mo 30.11.98	Mo 30.11.98										
18		BackUp-SW installieren	4 Std.	0,5 Tage	Mo 30.11.98	Mo 30.11.98										
19		BackUp-Test	4 Std.	0,5 Tage	Di 01.12.98	Di 01.12.98										
20		**Dokumentation**	**40 Std.**	**6 Tage**	**Fr 27.11.98**	**Fr 04.12.98**										
21	✓	HW-Dokumentation	8 Std.	1 Tag	Fr 27.11.98	Fr 27.11.98										
22		SW-Dokumentation	32 Std.	4 Tage	Di 01.12.98	Fr 04.12.98										
23		**Dienste**	**128 Std.**	**8 Tage**	**Do 03.12.98**	**Mo 14.12.98**										
24		File&Print-Server	8 Std.	1 Tag	Do 03.12.98	Do 03.12.98										
25		Mailserver	16 Std.	2 Tage	Mi 09.12.98	Do 10.12.98										
26		Internet-Dienste	16 Std.	2 Tage	Fr 11.12.98	Mo 14.12.98										
27		Zugangs-Administration	16 Std.	2 Tage	Mo 07.12.98	Di 08.12.98										
28		RAS	8 Std.	1 Tag	Mi 09.12.98	Mi 09.12.98										
29		Kundenabnahme	4 Std.	0,5 Tage	Mo 21.12.98	Mo 21.12.98										

Projekt: EDV-Infrastruktur	Vorgang		In Arbeit		Sammelvorgang	
Datum: Di 22.10.02	Unterbrechung	- - - - - - - - -	Meilenstein	◆	Rollup-Vorgang	

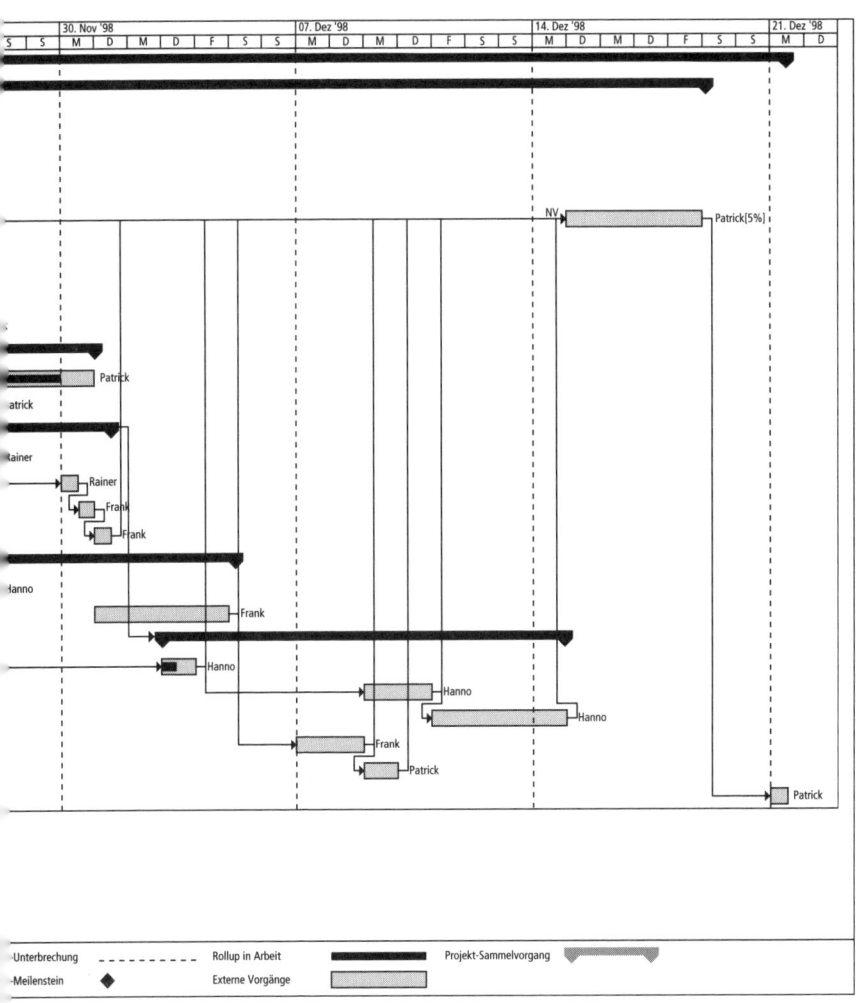

	30. Nov '98								07. Dez '98								14. Dez '98								21. Dez '98	
S	S	M	D	M	D	F	S	S	M	D	M	D	F	S	S	M	D	M	D	F	S	S	M	D

NV. Patrick[5%]

Patrick

atrick

Rainer

Rainer
Rainer
Frank
Frank

Hanno

Frank

Hanno

Hanno
Hanno
Hanno

Frank
Patrick

Patrick

Unterbrechung	– – – – – – – –	Rollup in Arbeit		Projekt-Sammelvorgang	
Meilenstein	◆	Externe Vorgänge			

129

Legen Sie für sehr wahrscheinliche und Risiken mit hohem Schaden (so genannte Show-Stopper) Absicherungen oder Notfallpläne fest oder beugen Sie geeignet vor, damit das Risiko gar nicht erst virulent wird.

Große Projekte planen

Große Projekte haben
- mehr als 30 Teammitglieder
- eine Laufzeit länger als 1 Jahr.

Bei Großprojekten treffen Großunternehmen und Großkunden aufeinander. Beide haben ihre traditionellen, seit Jahrzehnten bewährten Planungen. Deshalb
- einigt man sich auf die Planungsmethode eines Partners
- oder bastelt eine Mischung aus beiden Methoden.

Jedenfalls ist die Planung von Großprojekten immer Ergebnis von Verhandlungen.

Jedes Großprojekt hat seine eigene Planung. Verhandeln Sie!

In Großprojekten ist die Planung so umfangreich, dass die Projektplanung quasi ein eigenes Unternehmen ist – und vom Chef des Planungsstabs auch wie ein solches geführt wird. Wie das geht – darüber könnte man ein komplettes Buch schreiben.

19. Planen Sie niemals Termine!

*Die meisten Menschen glauben, dass die Terminplanung
entscheidend für den Projekterfolg ist.
Sie ist es nicht.*

Termine sind furchtbar wichtig

Was ist das Wichtigste in einem Projekt? Den Endtermin zu halten. Wenigstens tut jeder so, als ob das das Wichtigste sei. Der Auftraggeber und der Kunde fragen ständig danach: «Können Sie den Endtermin halten?» Bestärkt wird der Projektmanager in seiner Meinung durch den Engpasscharakter der Termine.

Projektdreieck

Von diesen drei hier gezeigten Projektdimensionen werden am häufigsten die Terminziele nicht erreicht. Daher zieht der Projektmanager den Schluss, dass die Terminplanung Vorrang hat. Ein kapitaler Fehlschluss, wie wir gleich sehen werden.

Meilensteine werden nicht gehalten

Ein Projektmanager bekommt am 1.3. ein Projekt mit Endtermin 31.12. Um den Endtermin zu erreichen, plant er Meilensteine:
1. Meilenstein erreicht am 1.5.
2. Meilenstein erreicht am 1.7.
3. Meilenstein erreicht am 1.9.
4. Meilenstein erreicht am 1.11.
Endtermin am 31.12.
Diese Terminplanung kennt jeder. Jeder weiß, dass man es so machen muss. Und vordergründig wirkt das auch nützlich und effektiv: Alles scheint unter Kontrolle zu sein. Es scheint aber nur so. Denn wie wir alle wissen, werden Meilensteine (MS) in Projekten so gut wie nie gehalten. Am 1.5. (1. MS) liegen die für den 1.5. geplanten Ergebnisse eben in der Regel nicht vor. Daher müssten am 1.5. konsequenterweise alle nachfolgenden Meilensteine nach hinten geschoben werden, weil man Verspätungen in Projekten nur sehr begrenzt aufholen kann. Das würde bedeuten, dass der Endtermin nicht gehalten werden kann. Aber der ist heilig. Was passiert?

Die Teammitglieder lügen sich, dem Auftraggeber und dem Kunden in die Tasche: «Alles im grünen Bereich. Die Meilensteine sind sowieso nicht so wichtig. Das holen wir noch gut auf.» Lügen also bis zum Endtermin, den man überschreitet. Am Endtermin entpuppen sich die Notlügen als solche, besser: als Verdrängung. Verdrängung ist eine nützliche Mentaltechnik zur geistigen Hygiene. Sie kann jedoch die Realität nicht ändern.

Da fast in jedem Projekt der Endtermin überschritten wird oder heimlich die Leistungen gekappt werden, beschließen die meisten Projektmanager: «Beim nächsten Mal planen wir unsere MS-Termine noch genauer und verwenden noch mehr Kontrollaufwand für die Terminplanung.» Doch was passiert beim nächsten Mal? Dasselbe. Der Endtermin wird überschritten. Das heißt: mehr Aufwand, selbes Ergebnis.

Diese offensichtliche Unfähigkeit des Projektmanagements, Termine zu halten, hat Anfang der Neunzigerjahre zur postulierten «Krise des Projektmanagements» geführt. Als Folge dieser so genannten Krise glaubt heutzutage keiner mehr so recht daran, dass man mit Projektmanagement Projekte termingerecht ins Ziel bringen kann. Das ist eine gigantische Ernüchterung, wenn man bedenkt, dass mit exakt dieser Hoffnung Projektmanagement zehn Jahre zuvor zum Wundermittel hochgejubelt wurde – und bei kleineren und mittleren Unternehmen, die etwas hinter der Entwicklung herhinken, immer noch dafür gehalten wird. Und das alles, weil man einen simplen Zusammenhang übersehen hat:

Wer Termine halten will, darf nicht mit ihnen planen.

Warum nicht? Weil die Planung mit Meilensteinen zu einer logischen Unmöglichkeit führt: Man plant die Termine der Meilensteine so, dass man den Endtermin erreichen kann, und geht dabei implizit davon aus, dass die zu den Meilensteinen gehörigen Arbeitspakete schon irgendwie zwischen die entsprechenden beiden Meilensteine passen werden. Das ist die erste Fehlannahme: Sie ist ungerechtfertigt, weil niemand ausgerechnet hat, wie lange die Arbeitspakete tatsächlich dauern.

Man rechtfertigt nun diese offensichtliche Fehlannahme, indem man sagt (und damit die zweite Fehlannahme begeht): «Wir müssen eben die entsprechenden Ressourcen ins Projekt pumpen, damit wir die Arbeitspakete termingerecht hinbekommen.» Das ist keine Lösung, sondern Aspirin für den Projektleiter: Denn im Grunde weiß er ganz genau, dass die nötigen Ressourcen an den knappen Budgets scheitern. Das weiß man schon bei der Planung. Doch das will man nicht wissen, weil man dann den Endtermin nicht mehr halten kann. Deshalb lügt man sich in die eigene Tasche.

Eine geniale Selbsttäuschung

Wer etwas von Planung versteht, erkennt die diabolische Genialität der Selbsttäuschung. Normalerweise plant man:
1. Zuerst die Ergebnisse: Was soll dabei herauskommen?
2. Was ist der dafür nötige Aufwand?
3. Welche Kosten verursacht dieser Aufwand?
4. Welche Ressourcen stehen zur Verfügung, um den Aufwand zu leisten?
5. Wie lange dauert das mit diesen Ressourcen?

Das heißt, zuerst plant man die Ergebnisse, am Schluss die Termine. Wer jedoch eingeschüchtert vom drohenden Endtermin plant, zäumt das Pferd am Schwanz auf und plant im Kopfstand: zuerst die Termine, dann die nötigen Ressourcen, die man aber nicht hat! Planung paradox! Und mit dieser unglaublichen Selbsttäuschung werden jährlich Tausende Projekte gemanagt, Entschuldigung, nicht gemanagt, sondern an den Baum gefahren und Millionen Euro in den Sand gesetzt.

Einige Projektmanager sagen: «Ich kann doch nicht ergebnisorientiert planen, weil ich damit doch überhaupt keine Chance habe, den Endtermin zu halten! Bei der terminorientierten Methode habe ich wenigstens eine faire Chance, es irgendwie hinzukriegen!» Eine schöne Hoffnung. Dass sie falsch ist, zeigt die Realität: Es klappt eben so gut wie nie. Die Hoffnung wird so gerne genommen, weil das Milchmädchenkalkül anscheinend so einleuchtend ist: «Wenn ich mit dem Endtermin plane, dann erreiche ich ihn am wahrscheinlichsten.» Leider gehen bei der Projektarbeit Milchmädchenkalküle selten auf. Weil eben die nötigen Ressourcen fehlen. Das heißt:

Planen Sie nicht den Endtermin, sondern die Ressourcen – denn an den Ressourcen scheitert der Endtermin.

Die Lösung: Ressourcenorientierte Planung

Die größte Chance, den Endtermin zu halten, haben Sie immer noch, wenn Sie zuerst für die Arbeitspakete mit der gegebenen Ressourcenausstattung die jeweiligen Endtermine planen, aufaddieren, dabei zwangsläufig weit über den gewünschten Projektendtermin hinausschießen und sich dann die Frage stellen:

Welche Ressourcen brauche ich jetzt, um vom realistischen, aber verspäteten Endtermin zum gewünschten Endtermin zu kommen?

Warum hat diese Planung die größere Chance, den Endtermin zu halten? Weil Ihr Auftraggeber von vornherein und bevor noch die Arbeit am Projekt aufgenommen wurde, sofort sieht: Der gewünschte Endtermin ist nur möglich mit Hilfe von Zusatzressourcen (oder Qualitäts- und Ergebnisabstrichen).

Bei der endterminorientierten Planung sieht Ihr Auftraggeber genau dies nämlich nicht. Er sieht Sie im Projekt wursteln und denkt: «Das haut schon hin!» Wenn Sie dann bemerken, dass es nicht hinhaut, und Zusatzressourcen fordern, denkt er, dass Sie die Sache nicht auf die Reihe kriegen und sich lediglich etwas mehr anstrengen müssen. Er gibt Ihnen die Ressourcen deshalb nicht.

Wenn Sie von vornherein klipp und klar sagen, dass Ressourcen fehlen, bekommen Sie sie eher, als wenn Sie es mittendrin sagen.

Sie bekommen sie nicht immer, aber exponentiell öfter als bei einer Anfrage mittendrin. Darüber hinaus hat die ressourcenorientierte Planung einen Vorteil: Wenn Sie die nötigen zusätzlichen Ressourcen nicht bekommen, haben Sie es nicht mehr zu verantworten, wenn der Endtermin nicht gehalten wird. Weil Sie, schriftlich dokumentiert und mit einer guten Planung belegt, schon von Anfang an gesagt haben, dass ohne Zusatzressourcen der Endtermin nicht zu halten ist. Es lohnt sich also auf jeden Fall für Sie, mit der richtigen Methode zu planen.

20. Es gibt keine unvorhersehbaren Risiken

«Wir wurden von unvorhersehbaren Risiken überrascht!»
Eine eklatante Lüge.

Unvorhergesehen ist nicht unvorhersehbar

Häufig erklären Projektmanager die Schwierigkeiten und Verspätungen ihrer Projekte so: «Wir wurden durch unvorhersehbare Risiken überrascht!» Das ist im schlimmsten Fall eine freche Lüge, im besten Fall ein naiver Irrtum. Unvorhersehbare Risiken gibt es weder im Projekt noch im wirklichen Leben. Denn hinterher sagt immer einer: «Das hätten wir uns eigentlich denken können!» Und das stimmt auch immer.

Genau genommen ist der Irrtum eine Verwechslung: Viele Projektleiter verwechseln unvorhersehbar mit unvorhergesehen. Sie halten Risiken für unvorhersehbar; dabei haben sie vorhersehbare Risiken lediglich nicht vorhergesehen. Warum? Weil sie Risiko falsch definieren, nämlich als «ein unvorhersehbares Ereignis, mit dem man eben leben muss». Das heißt, sie schließen schon in ihrer Definition kategorisch aus, dass man Risiko managen oder ihm zumindest vorbeugen kann. Hätte Alexander Fleming Risiko so definiert, wäre das Penizillin niemals erfunden worden. Spricht man Projektleiter darauf an, geben die meisten sogar unumwunden zu, dass ihre Risikoeinschätzung falsch ist – hinterher:

«War dieses Risiko, unter dem Ihr Projekt derzeit leidet, wirklich unvorhersehbar?»

«Nein, im Grunde hätte man sich von Anfang an denken können, dass so etwas passieren könnte. Wenn ich mich recht erinnere, hat sogar einer aus dem Team damals eine entsprechende Andeutung gemacht.»

Da haben wirs. In Trainings fordern wir die Projektleiter oft auf, uns ein einziges Risiko zu nennen, von dem sie hundertprozentig sagen können, dass es absolut unvorhersehbar war. In zehn Jahren ist noch keines aufgetaucht, das die anwesenden Projektleiter nicht nach einer kurzen Plausibilitätsprüfung selbst verworfen hätten. Wir kennen unsere Projekte, wir wissen ganz genau, was sie gefährden könnte. Leider hält diese Tatsache die meisten Projektleiter nicht davon ab, weiterhin bestimmte Risiken für unvorhersehbar zu halten; mit fatalen Folgen: Wer Risiken für unvorhersehbar hält, wird kein Risk Management machen.

Das ist Folge und gleichzeitig Ursache dieses Dafürhaltens. Es ist der so genannte Sekundärnutzen: Wenn ich Risiken für unvorhersehbar halte, muss ich kein Risikomanagement machen. Wie bequem.

Warum ahnen zwar die meisten Teammitglieder die drohenden Risiken, unternehmen aber nichts? Weil sie Projektmanagement nach dem Motto betreiben: Wird schon gut gehen! Dieses Motto schließt Risk Management aus.

Ein Projekt ohne Risk Management ist ein Projekt im Blindflug.

Möchten Sie der Pilot einer Maschine sein, die im Blindflug unterwegs ist?

Eigenverpflichtung zum Risk Management

Warum machen Projektteams mit signifikant höherer Projekterfolgsquote Risk Management? Weil sie eine Eigenverpflichtung zum Risk Management eingehen. Diese erfolgt umso zuverlässiger,

- je stärker der Auftraggeber dazu anregt,
- je erfahrener der Projektleiter ist,
- je weniger der Projektmanager Risiken als etwas Negatives, Störendes, Verlustbringendes ansieht und je eher er sie als Herausforderung betrachtet, der es sich zu stellen gilt, je eher er Risikomanagement als Aufgabe eines professionellen Projektleiters betrachtet,
- je kompetenter er für Risk Management ist,
- je einfacher und pragmatischer Risk Management im PM-Handbuch erklärt wird,
- je stärker das Steuerungsgremium der Erfordernis von Risk Management Nachdruck verleiht.

Auf welche Faktoren haben Sie Einfluss? Welche werden Sie aktivieren? Wann? Womit? Was brauchen Sie dazu noch an Unterstützung oder Vorwissen? Wer könnte Ihnen dabei helfen?

Diese flankierenden Faktoren sind sehr wichtig. Doch sie können eines nicht ersetzen, was Sie sofort aktivieren sollten: die Eigenverpflichtung. Selbst wenn Auftraggeber, Steuergremium und der Rest der Welt kein Risk Management befürworten – machen Sies trotzdem. Verpflichten Sie sich und Ihr Team selbst dazu. Warum? Weil weder Auftraggeber, Steuergremium noch der Rest der Welt Leidtragende sind, wenns schief geht, sondern allein Sie. Denken Sie an den Unterschied zwischen Profis und Helden. Profis schätzen Risiken richtig ein. Helden tragen sie – und werden mit einem schönen Grabmal belohnt. Unter uns gesagt: Wer Risiken trägt, anstatt sie zu managen, ist kein Held, sondern ein bisschen dumm. Eigenverpflichtung heißt: Fassen Sie für sich den Entschluss:

Kein Projekt ohne Risk Management!

Machen Sie die Risikobewältigung bereits im ersten Projektmeeting zusammen mit Ihrem Team. Mit Widerstand ist kaum zu rechnen, weil die Teammitglieder schnell einsehen, wie nützlich Risk Management ist. Und: Richtig durchgeführt, kostet es wirklich nicht viel Zeit. Für kleine und mittlere Projekte heißt das: Schon mit zwei Stunden Aufwand sind die größten Risiken bewältigt.

Risk Management

Die Risikobewältigung erfolgt in vier Schritten:
1. Risikoerfassung: Welche Risiken können eintreten?
2. Risikobewertung: Welche Schäden können sie verursachen?
3. Gegenmaßnahmen: Wie wappnen wir uns mit Vorsichtsmaßnahmen oder versichern uns mit Schubladenplänen gegen den Risikofall?
4. Risk Ownership: Wer ist verantwortlich dafür, die Risiken im Sinne von Risk Monitoring im Auge zu behalten?

Wichtig: Trennen Sie Schritt 1 und 2 immer sehr scharf. Denn bei der Bewertung eines Risikos gibt es im Team immer riesige Debatten, weil jeder ein bestimmtes Risiko anders einschätzt. Ist die Risikoerfassung bei Beginn dieser Debatten nicht abgeschlossen, werden wegen des Debattierens viele Risiken einfach übersehen oder vergessen. Also:

Immer und unbedingt erst sämtliche Risiken erfassen, bevor Sie sie bewerten!

Natürlich setzt ein funktionierendes Risk Management voraus, dass ein Projektleiter eine zuverlässige Risikobewertung nach Eintreffenswahrscheinlichkeit und Schadensbeurteilung vornehmen kann. Damit haben die meisten Projektleiter jedoch große Schwierigkeiten. Sie sind ungeübt darin, eine Eintreffenswahrscheinlichkeit zwischen niedrig, mittel und hoch festzulegen oder eine Schadensbewertung nach niedrig, mittel oder hoch abzugeben. Doch Übung macht den Meister. Außerdem hilft Ihnen Ihr Team dabei. Es ist nicht so wichtig, dass Sie die Risiken quantifizieren, zum Beispiel mit Eintreffenswahrscheinlichkeit in Prozent und Schadenshöhe in Euro (Sie können, Sie müssen aber nicht). Viel wichtiger ist, dass Ihre Unterscheidung zwischen kleinen, mittleren und großen Risiken übereinstimmend ist.

Risk Management: Gegenmaßnahmen

Prävention:	Reaktion:	Versicherung:
z.B. zusätzliche Zeitpuffer, Risikoaufschlag bei Preisstellung, gutes Risk Monitoring anhand von Frühindikatoren ...	z.B. Task Force, Plankorrekturen, Ressourcen aufstocken, Termine verschieben, Leistungen kürzen ...	z.B. bei Versicherungsgesellschaft versichern, Rücklagen, Haftungsausschluss, Alternativprojekte, Fallback-Strategien, Schubladenpläne, Risikoaufschläge ...

141

21. Verlassen Sie sich nie auf Ihre eigenen Schätzungen

Man sagt, man solle keiner Statistik trauen, die man nicht selbst gefälscht hat. Bei der Projektarbeit gilt das Gegenteil: Misstrauen Sie vor allem Zahlen, die Sie selbst geschätzt haben.

Aufwände werden unterschätzt

Wie zuverlässig halten Sie in Ihren Projekten Budgets und Termine? Ist das Budget häufig zu knapp, und sind die Termine zu eng? Sicher doch, wem ginge das nicht so? Schließlich lassen sich die Aufwände im Projekt auch so schwer schätzen, und die Termine sind sowieso immer viel zu knapp bemessen. Bei allem Verständnis für den Leistungs- und Termindruck in Projekten: Das sind Ausreden!

Es ist nicht einfach, Budgets und Termine zu halten, aber es ist durchaus möglich. Erfahrene Projektmanager schaffen beides regelmäßig. Wie? Indem sie die eigentliche Ursache der Abweichungen eliminieren: die Fehlschätzung der Aufwände.

In Projekten werden die Aufwände in der Regel unterschätzt. Und zwar von allen. Jedes Teammitglied unterschätzt in der Regel den Aufwand für das eigene Arbeitspaket. Das heißt, der Konstrukteur gibt bei der Planung fünf Personentage an, dabei braucht er tatsächlich sieben. Was sagt er danach, wenn sich herausstellt, dass er sieben statt fünf benötigt hat? «War eigentlich klar!» Warum ist ihm das danach klar, aber nicht davor? Dafür gibt es vier Gründe.

Vier Gründe, weshalb falsch geschätzt wird

Aufwandsschätzungen für Arbeitspakete liegen in der Regel aus vier Gründen daneben:

1. Es wird zu grob geschätzt.
Wie schätzt man in der Regel Aufwände in Projekten? Indem man die Projektteile abschätzt: Für die Pläne brauchen wir …, für die Konstruktion brauchen wir … Das ist zwar gängig, aber viel zu grob. Man kann Arbeitspakete relativ exakt schätzen – mit Projektteilen funktioniert das nicht. Die sind viel zu groß, umfassen zu viele Arbeitspakete. Probieren Sies mal aus. Sie werden feststellen:

Die Aufwandsschätzung nach Arbeitspaketen liegt immer über der Schätzung nach Projektteilen.

Schätzen Sie daher niemals Projektteile. Zerlegen Sie sie vielmehr in vernünftige Arbeitspakete und schätzen Sie diese.

2. Es werden Aufwände statt Dauern geschätzt.
Da heißt, man veranschlagt für Arbeitspaket 27 zum Beispiel fünf Tage. Dann ist das der Aufwand – es dauert aber länger als fünf Tage. Weil man niemals fünf Tage hintereinander nur für ein Arbeitspaket Zeit hat. Man hat immer auch noch anderes zu tun. Diese simple Tatsache wird in projektunerfahrenen Unternehmen seit Jahren übersehen!

Faustregel: Aufwand + 30 Prozent = tatsächliche Dauer

Das heißt, wenn der Verantwortliche für Arbeitspaket 27 fünf Tage Aufwand veranschlagt, muss er 5 + 30 Prozent = 6,5 Tage Dauer anmelden.

3. Es schätzen die falschen Leute.

Wer schätzt im Projekt? Der Projektleiter bei seiner Planung. Vielleicht fragt er auch noch beim einen oder anderen Abteilungsleiter nach: «Wie lange braucht ihr denn so für ...?» Warum fragt der Projektmanager nicht bei den Leuten nach, die nachher die Arbeitspakete erledigen müssen? «Weil ich zum Zeitpunkt der Planung noch gar nicht weiß, wer nachher die Arbeitspakete übernimmt!» Stimmt. Aber deshalb falsch zu schätzen? Das geht ein bisschen weit. Behelfen Sie sich mit einem Trick:

Wenn Sie den Mitarbeiter nicht fragen können, der das Arbeitspaket übernehmen soll, dann fragen Sie einen, der so ein (ähnliches) Arbeitspaket schon mal übernommen hat.

Das reicht aber noch nicht. Denn auch diese erfahrenen Mitarbeiter schätzen tendenziell zu ihren Gunsten, also zu kurz. Deshalb geben Sie diese Schätzung einem zweiten Mitarbeiter, der Ähnliches schon gemacht hat, und fragen ihn: Was wurde bei dieser Schätzung übersehen? Das setzt natürlich voraus, dass Ihnen die Schätzung schriftlich vorliegt – doch davon gehen Sie und ich als projekterfahrene Menschen inzwischen aus.

4. Es wird mit den falschen Methoden geschätzt.

Nämlich meist mit nur einer Methode. Das ist automatisch falsch. Denn jede Methode hat ihren methodischen Fehler:

- *Die Übern-Daumen-Methode* ist schnell und aus dem Kopf zu machen, dafür aber ungenau und liefert daher einen tendenziell zu gering geschätzten Aufwand.
- *Die Vergleichsmethode* überträgt die Aufwände aus vergleichbaren Projekten und liefert daher genauere Schätzungen als die Übern-Daumen-Methode, ist jedoch deshalb ungenau, weil es selten zwei exakt vergleichbare Projekte gibt (sonst wä-

ren es keine Projekte, sondern fast schon Massenfertigung).
Daher vergleicht man mit dieser Methode oft Äpfel mit Bir-
nen, das heißt, man berücksichtigt nur die Ähnlichkeiten,
nicht die Unterschiede der Projekte.

- *Bei der Schätzklausur* schätzt das komplette Projektteam, was
die Schätzung genauer macht, weil viele Augen besser sehen.
Ungenau wird die Schätzung dadurch, dass die Unterschiede
zwischen den Schätzungen einzelner Teammitglieder nicht
berücksichtigt werden, indem man zum Beispiel einfach der
Schätzung des Experten in der Runde folgt oder einen pau-
schalen, nichtssagenden Durchschnitt zieht.

- *Die Kennzahlen-Schätzung* ist exakt. Sie basiert auf Kennzah-
len aus vielen früheren Projekten. Leider gibt es nur in den
wenigsten Unternehmen solche exakten Vergangenheitszah-
len, weil niemand mit der Dokumentation und Datenpflege
beauftragt ist (ein typisches Führungsversäumnis). Außerdem funktioniert auch diese Schätzung nicht, wenn das Projekt stark von vergangenen Projekten abweicht – was die Regel bei Projekten ist.

Was also tun? Sie haben es vielleicht erraten: Alle vier Methoden
zusammen anwenden und so weit durchziehen, wie Sie das unter
gegebenen Umständen können. Daraus ziehen Sie dann keinen
einfachen Mittelwert, sondern wählen einen intelligent gemittel-
ten Wert aus allen vier Ergebnissen. Das hört sich für zahlenun-
geübte Kollegen vielleicht kompliziert an, ist es aber nicht. Sie
müssen dafür nur die vier Grundrechenarten beherrschen. Mit
ein bisschen Übung läuft das von alleine.

Die Worst-Case-Schätzung

Nehmen Sie noch eine fünfte Methode hinzu: die Worst-Case-Schätzung. Wenn Sie Ihren intelligenten Mittelwert aus den obigen vier Methoden ermittelt haben, dann erinnern Sie sich an ein Prinzip aus der Teststatistik:

Es existiert eine 87,5-prozentige Wahrscheinlichkeit, dass die wirkliche Projektdauer in Richtung Worst Case vom Mittelwert abweicht.

Diese Abweichung beträgt ein Drittel der Differenz zwischen Worst Case (3 Sigma auf der Normalverteilung, falls das jemand in der Formelsammlung nachlesen möchte) und Mittelwert. Das heißt, um zu schätzen, welche Projektdauer Sie mit höchster Wahrscheinlichkeit realisieren werden, brauchen Sie noch die Dauer für den Worst Case. Diese ist einfach zu ermitteln:

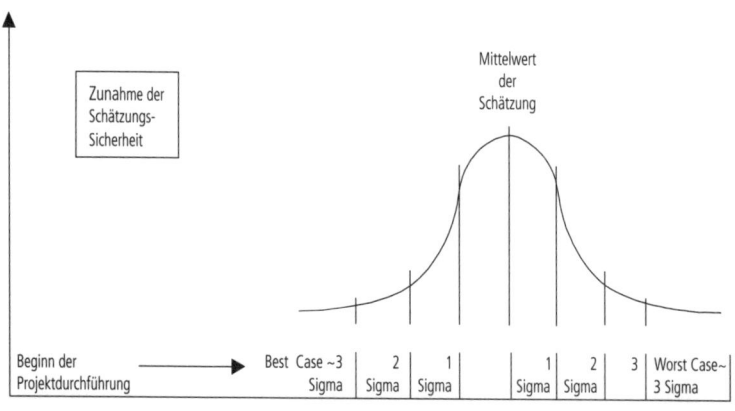

Sicherheit der Schätzung von Terminen

Worst-Case-Dauer: Addieren Sie die Summe aller vernünftigerweise zu erwartenden Pannen und Fehler im Projekt auf.

Die Worst-Case-Dauer kennt jeder Projektmanager. In der Regel sagt man dazu: «Bis zum … (Datum) schaffen wir es auf jeden Fall!» Betrachten wir ein Zahlenbeispiel. Sie haben für ein kleines Projekt mit den obigen vier Schätzmethoden eine Dauer von 10 Monaten gemittelt. Nach Addition aller Pannen und Fehler, mit denen Sie aus Erfahrung rechnen müssen, kommen Sie auf die Dauer von 16 Monaten («In dieser Zeit schaffen wir es auf jeden Fall!»). Also rechnen Sie:

Worst Case minus Mittelwert geteilt durch 3 = mit 87,5-prozentiger Wahrscheinlichkeit realisierte Dauer

In Zahlen:

$16 - 10 = 6$

$6 : 3 = 2$

Et voilà: Mit 87,5-prozentiger Wahrscheinlichkeit wird das kleine Projekt also innerhalb von 10 plus 2 = 12 Monaten ins Ziel kommen. Für jene, die sich noch an ihren Mathe-Unterricht erinnern: Diese Zahl entspricht Mittelwert plus 1 Sigma.

Wenn Sie diese Rechnung einmal gemacht haben, fällt Sie Ihnen ebenso leicht, wie auszurechnen, wie viel Liter Ihr Auto auf 100 Kilometer verbraucht. Verzichten Sie auf diese Rechnung, besteht eine statistisch exakt angebbare Wahrscheinlichkeit von lediglich 50 Prozent, dass Sie Ihren aus den vier Methoden ermittelten Mittelwert erreichen. Das heißt: Wenn Sie Projektplanung machen, können Sie gleich eine Münze werfen; da beträgt die Wahrscheinlichkeit ebenfalls nur 50 Prozent.

22. Projektsteuerung ist Unfug

Projektsteuerung halten viele für eine gute Sache.
Sie ist es nicht.

Ein Projekt ist kein Fahrrad

Alle sagens und überall kann mans lesen: Abweichungen im Projekt muss man schnellstmöglich korrigieren! Das nennt man dann Projektsteuerung. Dahinter steckt die implizite Annahme, dass ein Projekt sich wie ein Fahrrad verhält: Lenkt man nach links, fährt das Fahrrad nach links. Wer jemals ein Projekt leitete oder auch nur dabei mitmachte, erkennt dies als blanken Unsinn. Ein Projekt reagiert nicht wie ein Fahrrad, sondern wie ein Supertanker auf Steuerausschläge. Wenn ich jetzt das Ruder hart Backbord lege, dann ändert der Tanker vielleicht zehn Seemeilen später seinen Kurs. Wenn dem nicht so wäre, wäre zum Beispiel die «Titanic» nicht gesunken. Denn den Eisberg sah man wohl – man kriegte bloß die Kurve nicht rechtzeitig! So ergeht es auch Projekten. Sind Abweichungen erst einmal eingetreten, holt man sie so gut wie nie mehr auf. Das heißt:

Nicht Steuern ist die Devise, sondern Antizipieren. Nicht Reagieren, sondern Vorbeugen.

Die Stolperstein-Vorbeugung

Projekte reagieren auf Steuerausschläge wie Systeme mit großer Verzögerung und Trägheit. Hält man sich an diese Erkenntnis, wird ganz nebenbei auch ein weiteres Phänomen der so genannten Projektsteuerung vermieden: das Übersteuern; die sinnlose, überzogene Hektik, wenn man feststellt, dass der Lenkausschlag eben noch nicht ausreicht und die Abweichung immer noch nicht beseitigt ist.

Ein erfahrener Kapitän wartet nicht, bis der Eisberg vor ihm auftaucht; er denkt voraus, er beugt vor. Wie vorbeugen? Mit der Stolperstein-Vorbeugung:

1. Identifizieren Sie in jeder Teamsitzung zusammen mit dem Team die Stolpersteine der nächsten Zukunft, mit denen man aus Erfahrung rechnen muss.
2. Fragen Sie: Was kann bei dem, was wir gerade tun und demnächst machen werden, alles schief gehen?
3. Wie können wir so früh wie möglich erkennen, dass sich eine Abweichung abzeichnet?
4. Was können wir im Fall der Fälle möglichst frühzeitig tun?

Die Stolperstein-Vorbeugung ist genauer als die Risikoanalyse (siehe Kapitel 20, Seite 137), weil sie ständig gemacht wird, in kleineren Schritten vorgeht und das Projekt quasi permanent begleitet. Bildlich gesprochen, sitzt der Projektmanager jedem aktuellen Arbeitspaket sozusagen auf dem Schoß und begleitet es kontinuierlich. Auf diese Weise entgeht ihm nichts. Wenn das so einfach ist, warum machen es dann nicht alle Projektmanager? Weil manche lieber hinter verschlossener Tür sitzen.

Hindernis verschlossene Tür

So einfach die Stolperstein-Vorbeugung ist, für manche Projektmanager ist sie zu einfach. Sie sitzen lieber in ihrem Büro hinter verschlossener Tür und warten darauf, dass die Erfolgsberichte eintrudeln. Warum machen das so viele Projektmanager? Weil sie glauben, dass sie es schon mitbekommen werden, wenn etwas schief läuft.

Leider vergessen sie dabei, dass sie schlechte Nachrichten immer viel zu spät erfahren. Wenn ein Verantwortlicher ein Arbeitspaket nicht schafft, sagt er eben nicht rechtzeitig, sondern zwei Tage vor dem Abgabetermin, dass er noch eine zusätzliche Woche benötigt. Dann ist es zu spät. Dann kann man nur noch reagieren. Und Reagieren ist immer schlechter als Antizipieren.

Warum haben Projektmanager mit der Antizipation selbst dann noch Probleme, wenn sie seit Jahren schlechte Nachrichten viel zu spät erfahren? Weil es sehr schwer fällt, die Denkmuster zu wechseln. Als normale Mitarbeiter sind wir gewohnt, dass uns gesagt wird, was getan werden muss. Wir warten auf Vorgaben. Im Projekt sollen wir nun plötzlich nicht auf Vorgaben warten, sondern vorbeugen, vorausdenken, die Zukunft antizipieren. Das sind typische Tugenden, die man bei einem Unternehmer voraussetzt – nicht bei einem Mitarbeiter, der es seit Jahren gewohnt ist, sich an Zielvorgaben zu orientieren. Gerade deshalb spricht man seit Erfindung des Projektmanagements davon, dass der Projektleiter eigentlich ein Unternehmer im kleinen Rahmen ist. Man spricht davon – realisiert ist das noch lange nicht. Das erkennen wir zum Beispiel an der mangelnden Bereitschaft zur Stolperstein-Analyse.

Wenn Sie erfolgreich Projekte managen möchten, dann sollten Sie dort unternehmerisch denken, wo es Ihnen und Ihrem Projekt gut tut. Dann fällt es Ihnen leicht, dem Projekt auf den Schoss zu sitzen und regelmäßig Stolperstein-Vorbeugung zu betreiben. Theoretisch ist das ein kleiner, für einen Projektmanager jedoch ein großer Schritt: vom gewöhnlichen Mitarbeiter zum Unternehmer. Wagen Sie diesen Schritt. Der Erfolg wird Sie belohnen.

23. Projektmanager machen immer dieselben Fehler

Niemand macht denselben Fehler zweimal?
Stimmt, in Projekten wird er zwanzigmal hintereinander
gemacht.

Nichts daraus gelernt

In vielen Projekten werden dieselben Fehler gemacht, die man in vielen anderen Projekten schon zuvor gemacht hat. Unerhört? Mag sein, doch das wissen gute Projektmanager längst. Deshalb stöhnen sie auch häufig und vernehmbar: «Wir machen immer wieder dieselben Fehler.» Warum? Weil man nichts aus der gemeinsamen Vergangenheit lernt.

Jeder Projektleiter lernt nur aus seinen Projekten – nicht jedoch aus den Fehlern anderer Projektleiter.

Es gibt also im eigentlichen Sinne kein Lernen aus Erfahrung, keine Lernende Organisation (daher hört man von diesem Modebegriff zwischenzeitlich nichts mehr), da es keinen Erfahrungsaustausch gibt. Deshalb macht jeder neue Projektmanager automatisch und zwangsläufig dieselben Fehler wie alle Kollegen vor ihm. Das heißt, wie ein Projektmanager es unlängst polemisierte: «Wir sind schlechter organisiert als eine Horde Affen. Wenn ein Affe aus dem Rudel auf die heiße Herdplatte langt, dann lassen alle anderen im Rudel die Finger davon. Wir dagegen fassen alle der Reihe nach drauf und verbrennen uns die Finger!» Deprimierend und sehr kostenintensiv. Doch anscheinend können sich viele Firmen diese absolut unnötigen Kosten leisten. Schön, wenn es einem Unternehmen so gut geht …

Die Projektdokumentation

Die Lehrbuch-Antwort auf die eben geschilderte nichtlernende Organisation ist natürlich Wissensmanagement. Wissensmanagement wird in Form der Projektdokumentation betrieben. Dort steht angeblich alles drin, was man über ein Projekt Nützliches lernen kann. Das Problem dabei: Wer liest schon eine Projektdokumentation? Keiner, weil man
a) dafür keine Zeit hat und
b) die Dokumentation meist totlangweilig geschrieben ist.

Die Dokumentation ist sehr hilfreich, wenn ein Projektmanager eine bestimmte Frage an ein Projekt hat: «Wie habt ihr das damals gemacht?» Darauf gibt eine gute Dokumentation Auskunft. Worauf sie jedoch keine Antworten gibt, sind die alles entscheidenden Fragen:

- Was habt ihr aus diesem Projekt gelernt?
- Wo lagen die Fallen, Risiken und heiklen Punkte?
- Wo seid ihr auf die Nase gefallen?
- Wie hätte man das vermeiden können?
- Was darf ich, wenn ich ein ähnliches Projekt habe, auf keinen Fall tun?
- Worauf muss ich achten?
- Was sind die kritischen ersten Warnzeichen?

Es ist wie immer im modernen Leben: Es wird zwar viel geschrieben und dokumentiert – aber selten das, was man wirklich braucht. Nun könnte man zwar versuchen, die Dokumentation so zu modifizieren und zu standardisieren, dass sie nicht nur letale Langeweile verbreitet. Doch damit scheinen das Organisationstalent der meisten Steuerungsgremien und die Schreibkünste vieler Projektmanager etwas überfordert zu sein. Deshalb wird in PM-Forschung wie -Praxis eher die Learning Community favorisiert.

Learning Communities (LC)

Wenn Projektmanager immer dieselben Fehler machen wie Projektmanager vor ihnen, dann liegt die Lösung auf der Hand: Lasst die Projektmanager voneinander lernen! Wer sich ein bisschen in Personalentwicklung auskennt, weiß, dass man das früher Action Learning Circle nannte und heute Learning Community nennt.

Learning Community im Projektmanagement: Eine Anzahl Projektmanager kommt regelmäßig zusammen und berichtet formlos und ungezwungen über den Stand aktueller Projekte. Akute Probleme werden zusammen gelöst. So lernen alle etwas dabei. Die PM-Verbände, so z. B. die Deutsche Gesellschaft für Projektmanagement, bieten Foren für solchen Austausch an.

Learning Communities (LC) sind eine genial einfache und unglaublich effektive Einrichtung. Sie kosten praktisch nur eine, zwei Stunden die Woche (pro Projektmanager, wohlgemerkt), sparen dafür aber jährlich fünf- bis siebenstellige Beträge an Kosten. Gerade weil die LC-Idee so genial und effektiv ist, sind bislang nur wenige Unternehmen im deutschsprachigen Raum darauf gekommen. In Großbritannien ist die Anzahl dank der großen Tradition in Action Learning ungleich höher. Einige deutsche Konzerne experimentieren derzeit mit Learning Communities im Rahmen ihrer Corporate Universities – doch eine firmeneigene Universität braucht man für LC nun wirklich nicht.

Jedes Unternehmen, das Projektarbeit betreibt, sollte Learning Communities haben. Leider haben jedoch nur die wenigsten überhaupt Kenntnis davon. An dieser seligen Ignoranz wird sich auch in naher Zukunft nichts ändern. Deshalb:

Ergreifen Sie selbst die Initiative. Starten Sie Ihre eigene Learning Community.

Wie? Ganz einfach, indem Sie alte Hasen fragen. Bevor Sie ein Projekt beginnen, suchen Sie sich zwei, drei erfahrene Kollegen aus, die vergleichbare Projekte schon geleitet haben, und stellen ihnen die erfolgsentscheidenden Fragen (siehe oben). Sie müssen die Kollegen nicht zu einer Community zusammenrufen. Sie können den Erfahrungsaustausch auch in Zweiergesprächen vollziehen. Ohne diese kleinen Fragestunden sollten Sie niemals ein Projekt beginnen. Das wäre so, als ob Sie an einer fremden Küste schwimmen gehen und die alten Strandratten nicht fragten, ob es in diesen Gewässern Haie gibt ...

Wer gern mit Haien schwimmt

Die meisten Projektmanager genieren sich, alte Hasen zu fragen. Sie befürchten: «Der denkt doch sicher, ich habe keine Ahnung!» Das ist zwar eine verständliche Befürchtung, doch leider ohne jeden realen Hintergrund.

95 Prozent aller alten Hasen denken nicht schlecht von Ihnen, wenn Sie sie fragen. Im Gegenteil. Sie fühlen sich respektiert und anerkannt – denn nur den Kompetenten fragt man etwas. Jeder Mensch liebt es, mit seinem Wissen und seiner Erfahrung anzugeben. Jeder erfahrene Mentor nimmt gerne einen jungen Projektmanager unter seine Fittiche. Ausnahmen sind nur das: eben Ausnahmen, die man zur Kenntnis nimmt und übergeht.

Fragen Sie. Fragen kostet nichts und bringt viel.

Teil V:
Die Wahrheit über Projektteams

24. Projektteams sind keine Teams

Man sollte meinen, dass ein Projektteam alles tut,
damit sein Projekt vorankommt.
Das tut es leider nicht.

Jeder hat das Team, das er sich verdient

Viele Projektleiter gehen ganz selbstverständlich davon aus, dass in ihrem Projektteam alle Teammitglieder an einem Strang ziehen. Sie sind oft völlig überrascht und reagieren verärgert, wenn sie das Gegenteil erleben: Einige Projektmitglieder

- verstehen noch nicht einmal den Projektplan,
- verfolgen Eigen- oder Abteilungs-, statt die Projektziele,
- arbeiten nicht mit den Kollegen zusammen,
- tragen ihre Konflikte nicht aus, sondern delegieren sie kalt an den Projektleiter,
- wissen nicht, wen sie informieren müssen und von wem sie welche Informationen bekommen,
- sagen tatsächlich nicht Bescheid, wenn sie ein Arbeitspaket nicht rechtzeitig fertig bekommen.

Welche störenden Teamphänomene fallen Ihnen aus Ihrer Praxis ein? Da kommt einiges zusammen, nicht wahr? Und das soll ein Team sein? Sicher nicht. Das ist eine Arbeitsgruppe (wobei vielen Projektleitern der Unterschied zwischen Team und Gruppe nicht klar ist).

Projektteams sind a priori keine Teams. Der Projektleiter muss sie erst dazu machen.

Ein Projektteam ist zunächst kein Team, sondern lediglich eine Gruppe von Menschen, die zusammenarbeiten sollen, aber es noch nicht können oder wollen. Das heißt: Teamentwicklung zählt zur Aufgabe eines Projektleiters – ob er nun will oder nicht.

Entwicklung des Projektteams: Der gemeinsame Start

Viele Projekte starten, ohne dass sich das Projektteam je einmal zusammengesetzt hätte, um die grundlegendsten Dinge zu besprechen. Dies gilt insbesondere dann, wenn die Teammitglieder sich schon (lange) kennen, weil sie im selben Unternehmen arbeiten. Die erste teambildende Maßnahme ist der Kick-off: ohne Kick-off kein Team. So einfach ist das.

Natürlich kann man den Kick-off auch weglassen. Das hat dann zur Folge, dass viele Teammitglieder noch nicht einmal wissen, was exakt die Ziele des Projekts sind, und dies auch nicht bemerken, weil jeder davon ausgeht, dass seine eigene Zielinterpretation die richtige ist. Dieser Fehler wird oft erst bemerkt, wenn man mitten im Projekt feststellt, dass in unterschiedliche Richtungen gearbeitet wurde.

Fehler beim Projektstart bemerkt man meist erst in der Projektmitte.

Fehlt der Kick-off, so klein und informell er auch ausfallen möge, dann wurden die Projektziele niemals explizit ausdiskutiert. Vor allem haben sich die Teammitglieder dann nicht auf das gemeinsame Erreichen des Projektzieles verpflichtet. Daher muss ein funktioneller Kick-off folgende Punkte beinhalten:
1. Der Projektleiter schildert Relevanz und Ziele des Projektes so nachvollziehbar, dass sie alle verstehen und auch akzeptieren.

Als sinnvoll hat sich dabei erwiesen, jedes Teammitglied seine Sichtweise der Frage vortragen zu lassen: Warum ist unser Projekt relevant für unser Unternehmen? Wird diese Artikulation nicht vorgenommen, tritt der Regelfall ein: Einzelne Teammitglieder wissen gar nicht, wozu das Projekt gut sein soll, «Ja, ja, irgendwem wirds schon nützen.» Mit dieser Einstellung kann weder Motivation noch Engagement von einem Teammitglied erwartet werden.

2. Die Projektplanung wird so lange durchgesprochen, bis alle bestehenden – und es bestehen sehr viele, wenn man sie nur anspricht! – Unklarheiten beseitigt sind. Überraschend viele Teammitglieder verstehen zum Beispiel den Projektplan nicht: «Was ist denn das für ein kompliziertes Gebilde? Muss ich das etwa verstehen?»

3. Die Übergänge zwischen den Arbeitspaketen müssen geklärt werden: Was erwartet der Nachfolger von seinen Vorgängern? Wozu wird jedes Arbeitspaket später gebraucht? Wenn diese Fragen nicht geklärt werden, entstehen später die typischen Minderleistungen: Die Teammitglieder wissen nicht, was mit ihrem Arbeitspaket später angefangen wird.

4. Wie gehen wir miteinander um, wenn mal etwas nicht klappt? Welches sind unsere gemeinsam aufgestellten und schriftlich dokumentierten Spielregeln der Zusammenarbeit (siehe Kapitel 25, Seite 159ff.)?

Wer aus einem Haufen fachkompetenter Individualisten ein erfolgreiches Team machen möchte, kommt um den Kick-off nicht herum. Er muss weder teuer noch zeitaufwändig sein. Er muss lediglich die vier oben erwähnten Erfordernisse erfüllen. Tut er das, wird aus einer wenig effektiven, wenig effizienten und stark desorientierten Arbeitsgruppe ein schlagkräftiges und hoch motiviertes Projektteam.

25. In einem Projekt macht jeder, was er will

Alle glauben, dass in einem Projekt alle Teammitglieder an einem Strang ziehen. Stimmt; leider jeder in eine andere Richtung.

Projektrebellen an die Kandare nehmen

In vielen Projekten kann man den Eindruck gewinnen, dass einzelne Teammitglieder sich nicht an das halten, was vereinbart wurde. Sie liefern nicht das, was vereinbart wurde, und wenn, dann unvollständig oder verspätet. Sie lösen auftauchende Probleme nicht, sondern warten, bis der Projektleiter sie ausputzt.

Wie reagieren Projektmanager auf solches Verhalten? Verärgert und zunehmend aggressiv: «Wenn das nicht bis Wochenende erledigt ist, dann werde ich ungemütlich!» Das bringt selten etwas. Im Gegenteil. Hart durchgreifen reizt das säumige Teammitglied nur noch mehr zu Bummelei und Widerspruch. Der Konflikt eskaliert, die Stimmung friert ein, das Projekt bleibt auf der Strecke – doch ums Projekt geht es zu diesem Zeitpunkt schon lange nicht mehr.

Wie nimmt man Projektrebellen an die Kandare? Unzuverlässige Teammitglieder sind nämlich meist nicht angeboren unzuverlässig. Sie haben vielmehr Gründe für ihr Verhalten. Sie wissen entweder überhaupt nicht richtig oder vollständig, was sie tun sollen, was man von ihnen erwartet, weil sie in der Regel bei der Arbeitspaketübergabe zu wenig Informationen bekommen haben, um zufrieden stellend arbeiten zu können. Sie arbeiten meist tadellos und motiviert, sobald man ihnen die nötigen Informationen gibt (siehe Kapitel 28, Abschnitt «Wer fragt, der führt», Seite 179).

Oder sie haben Probleme mit der Zugehörigkeit zum Projektteam.

Probleme mit der Zugehörigkeit zum Projektteam

Viele Teammitglieder fühlen sich nicht dem Team zugehörig. Deshalb geht ihnen glatt am Senkel vorbei, was von ihnen erwartet wird. Sie fragen sich: «Warum ausgerechnet ich? Warum soll ausgerechnet ich dieses blöde Arbeitspaket bearbeiten? Ich hab doch sowieso schon genug zu tun!» Sie glauben, die Arbeitspakete seien willkürlich verteilt oder ihnen lediglich deshalb aufgedrückt worden, weil irgendjemand «da oben» denkt, dass sie gerade zu wenig zu arbeiten hätten. Wer derart demotiviert ist, hat selbstredend null Bock auf Projektarbeit. Wenn gesagt wird, dass nicht die Technik, sondern der Faktor Mensch Projekte aufhalte und zum Scheitern bringe, dann sind auch solche frustrierten Teammitglieder damit gemeint.

Wie kriegen Sie so jemanden ins Boot? Indem Sie fragen. Wer fragt, der führt.

1. *«Warum, glauben Sie, sind Sie für das Arbeitspaket ausgewählt worden?»* Wenn er nicht weiß, warum, sagen Sies ihm: Weil er genau der Richtige für den Job ist und Sie das auch glaubhaft und detailliert anhand seiner Referenzen und/oder konkret benannter Fähigkeiten belegen können. Daran sieht der Rebell: Man hat seine Nummer nicht aus dem Hut gezogen, sondern bewusst ihn und nur ihn ausgesucht. Auf keinen Fall sollten Sie ihm Honig ums Maul schmieren oder Motivationsgesülze absondern. Damit erreichen Sie das Gegenteil. Denn Menschen durchschauen recht schnell, wenn sie zugelabert werden.

160

2. «*Warum ist Ihr Beitrag wichtig?*» Wenn er es nicht weiß, was wahrscheinlich ist, sagen Sies ihm. Sagen und zeigen Sie ihm, dass und warum ohne sein Arbeitspaket das Projekt nicht funktionieren kann. Im Projekt ist das eine einfache Übung. Denn in einem Projekt kann praktisch jedes verspätete Arbeitspaket das komplette Projekt ausbremsen.

3. «*Geht Ihnen zurzeit etwas im Team auf den Geist?*» Oft sind Projektrebellen sauer, weil ihnen jemand (unabsichtlich) auf den Schlips getreten ist. Sie rächen sich dann, indem sie das Projekt aufhalten und Dienst nach Vorschrift machen. Klären Sie die Lage mit Hilfe der folgenden Checkliste.

Checkliste: Störungen klären

- Klären Sie zunächst unter vier Augen: Was genau ist die Störung? Was genau stört den Rebellen?
- Machen Sie danach im Team beziehungsfreundlich auf die Störung aufmerksam. «Bei der letzten Sitzung ist etwas ohne böse Absicht schief gelaufen …»
- Rücken Sie bei vorliegender Regelverletzung (siehe unten) die entsprechende Regel wieder in den Vordergrund.
- Oder modifizieren Sie die entsprechende Regel.
- Oder vereinbaren Sie im Konsens eine neue Regel.
- Dokumentieren Sie die neue/geänderte Regel in Ihrem Regelwerk (siehe unten).

Haben Sie schon mal ohne Regeln Fußball gespielt?

Obwohl wir alle wissen, dass zu einem geregelten Leben Regeln gehören, haben die meisten Projektmanager heftigste Probleme damit: «Natürlich sind Regeln wichtig. Aber darüber muss man doch nicht lang und breit reden. Wir sind doch keine Psychogruppe!» Eine Frage: Haben Sie schon mal Fußball gespielt? Ohne das Abseits vorher zu regeln? Haben Sie schon mal gepokert, ohne vorher zu regeln, ob Sie Straight oder Stud spielen? Haben Sie schon mal Beachvolleyball gespielt, ohne vorher die obere Annahme zu regeln? Obwohl Fußball, Poker und Volleyball bedeutend älter als Projektmanagement sind, wird selbst von Straßenkindern beim Straßenkick vor jeder Partie geregelt, was Aus und was Abseits ist. Warum? Weil jedes Kind weiß: Regelt man das nicht vorher, gibt es nachher immer Ärger.

Ohne Projektregeln kein Projekterfolg.

Viele befürchten, dass Regeln ein Projektteam einschränken. Das Gegenteil ist der Fall. Regeln schaffen Klarheit, Orientierung und Motivation. Sie verhindern Konflikte und erhöhen Leistungsbereitschaft und Produktivität. Mit Regeln kommt man einfach besser miteinander aus. Das ist auf dem Fußballplatz genauso wie im Projekt.

Noch ein Tipp: Schreiben Sie über das Wandplakat, auf dem Ihre Teamregeln stehen, nicht «Regeln». Weil viele Menschen voreingenommen sind, sollte darüber stehen, was Regeln ausmacht: «Worauf wir uns verlassen können.»

**Übersicht: Worauf wir uns verlassen können –
die nützlichsten Teamregeln**
1. Störungen und Konflikte haben Vorrang vor dem Tagesgeschäft. Also: Zuerst darüber reden!
2. Wir fassen uns so kurz und einfach wie möglich (KISS!).
3. Wir lassen jeden ausreden.
4. Wir suchen nicht nach Schuldigen, sondern nach Lösungen.

5. Ergebnisse und Beschlüsse von Meetings werden schriftlich dokumentiert.
6. Besprechungen werden moderiert.
7. Statusberichte liegen einen Tag vor dem entsprechenden Meeting vor.
8. Zusagen an Kunden werden nicht einseitig erteilt, sondern immer erst gemeinsam abgesprochen.
9. Konflikte im Team werden moderiert.
10. Welche zusätzlichen Regeln vereinbaren Sie und Ihr Team?

26. Projektteams haben keine Ahnung, wie man Probleme löst

Es wird allgemein angenommen, dass von allen Organisationseinheiten in einem Unternehmen Projektteams am besten mit Problemen umgehen können. Sie können es nicht.

Problemfaktor Komplexität

Weil in Projekten meist unter erheblichem Zeitdruck so viele Probleme täglich gelöst werden müssen, könnte man annehmen, dass Projektteams besonders gut Probleme lösen können. Tatsächlich ist der Zusammenhang genau umgekehrt: Nirgendwo sonst werden so viele Entscheidungsfehler gemacht wie im Projekt.

In der Regel sieht das traditionelle Problemlösungsverfahren bei der Projektarbeit so aus: Alle packen das aufgetauchte Problem engagiert an – jeder schlägt eine Lösung vor – man zerstreitet sich über den Lösungen – es bilden sich Fraktionen – jeder ist sauer auf «die anderen» – man kann sich nicht auf eine Lösung einigen – das Projekt hängt in der Luft – einer spricht ein Machtwort – alle sind sauer auf ihn. Ein ausgereiftes Problemlösungsverfahren, finden Sie nicht auch?

Spaß beiseite. Problemlösen im Projekt macht so große Probleme, weil Projekte unglaublich komplex sind. Die normale Linienarbeit ist ein Kindergeburtstag im Vergleich zur Komplexität im Projekt. Um nur ein Beispiel zu nennen: Wenn sich ein Arbeitspaket um 3 Tage verzögert, verzögert sich das gesamte Projekt dadurch nicht auch um 3, sondern um 20 Tage, weil die Fertigung, die das Nachfolgearbeitspaket bearbeiten sollte, für die 20 folgenden Tage schon ausgebucht ist! Sehen Sie sich nur mal einen Projektnetzplan an. Da wirds dem interessierten Laien schon schwindelig vom bloßen Draufgucken ...

Projektteams haben im Allgemeinen keine Ahnung, wie man die Komplexität im Projekt bei der Lösung von Problemen angemessen berücksichtigt. Woran liegt das?

Gründe und Abhilfen für die Komplexitätsschwäche

Unser ganzes Denken ist linear. Tank leer? Nachtanken! Hunger? Essen! Nachfrage runter? Preis runter! Doch an der Preis-Nachfrage-Korrelation sehen wir schon, dass lineare Problemlösungs-Stereotypen in komplexen Situationen nicht funktionieren. Denn wenn der Preis runter geht, geht auch der Deckungsbeitrag runter, was die Nachfragesteigerung teilweise kompensiert, vorausgesetzt, die Preiselastizität des Produktes geht nicht ohnehin gegen null …

Werden komplexe Probleme linear gelöst, ist die Lösung schlimmer als das Problem. Lineare Lösungen verschlimmern komplexe Probleme.

Unglücklicherweise ist das menschliche Gehirn auf Linearlösungen programmiert: Hunger? Mammut jagen! Keine Mammuts mehr da? Acker bebauen! Doch ganz so schlimm ist es nicht. In den letzten paar Sekunden der Evolution hat der Mensch etliche Instrumente zur Komplexitätsreduktion geschaffen. Wie damals den Faustkeil. Jagen Sie nicht ohne – besorgen Sie sich einen Faustkeil, pardon, ein Instrument zur Komplexitätsreduktion. Es gibt darüber Bücher und Seminare, in denen Sie viele gute Instrumente finden können. Nachfolgend ein ganz einfaches Universalinstrument der Komplexitätsreduktion. Prüfen Sie es und modifizieren Sie es nach Ihren Bedürfnissen, wenn Sie möchten.

Der universelle Problemlöser für Projekte (UPP)

1. **Problemanalyse:** Wie sieht ein rundes Bild des aktuellen Problems aus? Mit diesem Schritt verhindern Sie, dass Sie stundenlang Informationen über das Problem sammeln und dabei immer mehr den Überblick verlieren. Dagegen merkt man schon nach Minuten, wenn ein Bild «rund» wird, das heißt, die Komplexität korrekt reduziert und abgebildet wurde. Sie müssen das Bild nicht in Form eines Venn-Diagramms oder Schaltbildes zeichnen. Sie können das Problem auch in kurzen Sätzen skizzieren. Auch dabei merkt man, wenn es «rund» wird.

2. **Zielklärung:** Wohin wollen wir eigentlich? Möglicherweise müssen Sie Ihr altes Ziel korrigieren. Jedenfalls nutzt Ihnen keine Informationssammlung und keine Diskussion über ein Problem etwas, wenn nicht jeder im Team ganz konkret weiß, wohin es denn eigentlich mit der Problemlösung gehen soll.

3. **Lösungsalternativen:** Erarbeiten Sie mehrere Möglichkeiten der Problemlösung. Tun Sie das nicht, fallen Sie meist auf die nächstbeste herein. Dies ist meist die falsche Lösung. Wer nur die nächstbeste sieht, übersieht die beste Lösung.

4. **Bewertung:** Bewerten Sie die Alternativen methodisch gestützt. Das heißt: nicht wie sonst üblich aus dem Bauch heraus. Bei komplexen Problemen geht das nämlich immer daneben. Auch Methoden zur Alternativen-Bewertung finden Sie in der Literatur (sie würden hier den Rahmen sprengen).

5. **Maßnahmen:** Legen Sie im Konsens ganz konkret die zu ergreifenden Maßnahmen fest. Denn sonst passiert es Ihnen, dass jeder aus dem Meeting herausgeht und denkt: «Irgendeiner wird sich schon um das Problem kümmern und das Richtige tun.»

6. **Evaluation:** Evaluieren Sie nach der Realisation: Was hat funktioniert? Was nicht? Was werden wir beim nächsten Mal besser machen?

166

Sie können den UPP übrigens in Ihr Projekt-Regelwerk aufnehmen (siehe Kapitel 25, Seite 162f.). Auf jeden Fall sollten Sie ein Training besuchen, um den UPP oder eine andere komplexe Problemlösungstechnik zu beherrschen. Komplexe Problemlösung ist nämlich wie Tennisspielen: Ohne Übung nützt auch das beste Wissen über die Technik nichts. Man muss üben, um es zu beherrschen.

27. Projektmeetings sind der Kilimandscharo der Ineffizienz

Dass Projektmeetings 90 Prozent ineffizient und 10 Prozent
ärgerlich sind, ist allgemein bekannt.
Weniger bekannt ist, wie man daran etwas ändert.

Meeting = Ineffizienz

Projektmeetings sind der Gipfel der Zeitverschwendung. Das weiß jeder Projektmanager. Auf unseren Seminaren machen sie sich regelmäßig Luft: «Ständig diese Meetings, bei denen nichts rauskommt!» – «Die kosten doch bloß Zeit.» – «Wir machen die Meetings, weil man sie eben machen muss. Aber wozu, weiß so recht keiner.» – «Nach so einem Meeting bin ich immer total geschafft und froh, dass ich mich wieder um das wirklich Wichtige kümmern kann.» – «Hält einfach nur auf.» – «Da quatschen immer dieselben Leute, und wir kommen doch nicht voran!»

Projektmeetings werden einhellig als ineffizient und zeitraubend empfunden, nach dem Motto: Ein Meeting ist, wenn viele hineingehen und wenig herauskommt.

Die Anpassungsreaktionen auf den regelmäßigen Ineffizienz-GAU in Form von Projektmeetings sind interessant. Viele Projektmanager und Teams beklagen sich ständig über die Ineffizienz der Meetings – aber niemand versucht, etwas daran zu ändern. Etliche Teammitglieder lassen die Meetings deshalb ganz einfach sausen, erfinden kreative Ausreden und arbeiten in der gesparten Zeit lieber an ihren Arbeitspaketen.

Ein interessantes Phänomen ist auch die strangulative Ineffizienz durch Übervölkerung: Gerät ein Projekt in Schwierigkeiten, werden immer öfter immer mehr Leute in die Meetings eingeladen, wobei immer weniger herauskommt. Neulich wurde ich zu einem Projektteam gerufen, das sich seit Wochen in kompletter Besetzung, also 40 Mann hoch, mit sämtlichen Subteams, täglich eine Stunde traf, um die überbordenden Probleme zu beseitigen. Diese wurden natürlich nicht beseitigt. Denn dazu kam man nicht, weil sich stundenlang jeder nur bei jedem ausheulte und die schiere Masse der Teilnehmer ein Vorwärtskommen verhinderte – aber danach waren immer alle völlig geschafft.

Warum? Dafür gibt es zwei Gründe. Erstens wissen nur die wenigsten Projektleiter, wie man ein Projektmeeting zum Erfolg bringt. Kein Wunder, denn keiner hat ihnen das je beigebracht. Ein Ingenieur hat konstruieren gelernt, aber wo hat er Moderieren gelernt? Nirgends. Zweitens gehen die meisten Menschen in ein Meeting, wie sie in ein normales Zweiergespräch gehen – das funktioniert jedoch nicht, da ein Meeting eben kein Vieraugengespräch ist.

Ein Meeting muss gesteuert werden, sonst läuft es aus dem Ruder.

Die Lösung: Meetingsteuerung

Ein ungesteuertes Meeting ist chaotisch, stressig, zeitraubend und ineffizient. Eben so, wie wir es ständig erleben. Ein gesteuertes Meeting erreicht in einem Drittel der Zeit ein Dreifaches an Ergebnissen und ist dabei angenehm ruhig und stressarm. Die Mittel der Steuerung sind so simpel, dass man sich wirklich nicht erklären kann, warum so viele Meetings total chaotisch verlaufen:

• Status-Vorabfrage,
• Moderation,
• Evaluation und Nachverfolgung.

Die Status-Vorabfrage

Ist Ihnen das auch schon passiert? Im Meeting kommen Sie total aus dem Konzept, weil immer wieder überraschende Probleme, Vorschläge oder Extrawünsche gemeldet werden, die den ganzen Laden aufhalten und die Meetingzeit in die Länge treiben. Das ist unvermeidlich? Irrtum.

Wenn es auf Meetings Überraschungen gibt, liegt das an der mangelhaften Vorbereitung.

Die Vorbereitung eines Meetings ist die Vorabfrage. Fragen Sie einfach alle Meetingteilnehmer am Tag vor dem Meeting mit der Ampel-Abfrage. Damit wissen Sie schon vor dem Meeting, was im Meeting ablaufen wird. Sie können nicht mehr überrascht werden. Sie sind gut vorbereitet. Das gibt Sicherheit und verkürzt die Meetingzeit wesentlich.

Die Ampel-Abfrage vor Meetings
Fragen Sie den Meetingteilnehmer: Wie steht es um dein/Ihr Arbeitspaket? In welchem Bereich liegt es? Ist es
* grün: alles in Ordnung, alles im Zeitplan, keine Probleme absehbar oder aufgetaucht.
* gelb: Es ist ein Problem aufgetaucht, das eigenständig gelöst werden kann.
* rot: Ein Problem kann nicht eigenständig gelöst werden.

Sieht einfach aus? Gewiss, doch viele Projektleiter haben damit Probleme: «Ich möchte lieber nicht vorab abfragen. Ich habe Angst, dass ich dabei von einem Problem erfahre, das ich nicht lösen kann, und deshalb nachts keinen Schlaf finde.» Diese Furcht taucht überraschend oft auf, ist jedoch nichts weiter als das: eben eine Furcht, keine Tatsache. Tatsächlich ist das Problem ganz einfach zu vermeiden:

Wenn bei der Ampel-Abfrage ein Problem (also Status gelb oder rot) auftaucht, fragen Sie auch gleich, was der Arbeitspaketverantwortliche dagegen zu unternehmen gedenkt.

Selbst wenn er sich noch keine Lösung überlegt hat, wird er ad hoc einige Vorschläge aus dem Ärmel zaubern, die Ihnen eine schlaflose Nacht ersparen.

Die Projektmeeting-Moderation

Eines vorneweg: Ohne Moderationstraining sollten Sie niemals erwarten, ein Meeting erfolgreich moderieren zu können. Das ist vermessen. Moderation ist eine Sportart, die man nicht aus einem Buch lernen kann. Besuchen Sie also ein gutes Moderationstraining. Damit ein Moderationstraining für Projektmanager tatsächlich geeignet ist, sollte es

- kein allgemeines Moderationstraining, sondern ein spezielles Besprechungsmoderationstraining sein (im Gegensatz zum verbreiteten Training für Workshopmoderationen oder für Konfliktmoderation);
- idealerweise ein Training für Projekt-Meeting-Moderationen sein;
- von einem Projektmanagementtrainer gehalten werden;
- mindestens zwei Tage dauern.

Normalerweise bezahlt jedes anständige Unternehmen Ihnen die Kosten für das Seminar. Sie müssen sich lediglich melden und genügend Engagement zeigen.

Sie haben dafür keine Zeit? Sie haben keine Zeit für 2 Tage Training, um damit schon im ersten Jahr mindestens 20 Arbeitstage an eingesparter Meetingzeit zu gewinnen? Ganz zu schweigen vom eingesparten Ärger und Stress!

Projektmeeting-Moderation in acht Schritten

Eine professionelle Moderation ist nicht schwierig. Sie ist einfach nur ungewohnt. Die wesentlichen Schritte, um ein Meeting schnell, effizient und reibungsarm über die Bühne zu bringen, sind:

1. Schritt: Freundliche Begrüßung
Viele Projektmanager halten diese für überflüssig und legen einfach mit dem ersten TOP los, was nicht funktioniert, weil die Begrüßung eben der Startschuss ist, der alle verstummen und sich konzentrieren lässt. Wer auf die Begrüßung verzichtet, stellt sich ein Bein, noch bevor das Meeting richtig begonnen hat.

2. Schritt: Ernsthafter, langsamer und betonter Hinweis auf die Spielregeln
Natürlich kennen alle die Spielregeln. Doch wenn Sie nicht jedesmal aufs Neue darauf hinweisen, geraten sie in Vergessenheit. Die wichtigsten Spielregeln sind:
• Es geht um Lösungen, nicht um Fehlersuche und Schuldzuweisungen. Wir sprechen nicht über Schuld, sondern über Lösungen.
• Wir arbeiten mit Moderation, das heißt, wir halten uns an einen bestimmten Ablauf, und alles wird visualisiert.
• Ziel des Meetings ist ein Überblick über den Status der Arbeitspakete.

- Wir bearbeiten Schwierigkeiten nach ihrer Priorität.
- Jede dieser Schwierigkeiten bearbeiten wir mit dem universellen Problemlöser für Projekte (s. Kapitel 26).

Wenn Sie darüber hinaus andere Spielregeln vereinbaren möchten, um spezifische Dinge zu regeln, tun Sie das.

3. Schritt: *Kurze Statusabfrage*
Nach dem Muster der Ampel-Abfrage (siehe Seite 170) für jedes Arbeitspaket. Die Rückmeldungen werden aufgeschrieben und die Arbeitspakete mit ihrer entsprechenden Ampelfarbe markiert. Die Begründung der Farbe sollte vom Verantwortlichen fürs jeweilige Arbeitspaket in möglichst einem Satz gegeben werden, zum Beispiel: «Mein Paket ist gelb, weil mich ein Lieferant versetzt hat, aber er liefert morgen, diesen Rückstand hole ich auf.»

Sie erkennen daran: Deshalb sind gesteuerte Meetings so schnell und effizient. Rückmeldungen über Arbeitspakete in einem Satz? Das spart massig Zeit. Denn in ungesteuerten Meetings quasseln die Arbeitspaketverantwortlichen oft zehn Minuten und länger unstrukturiert über ihr Arbeitspaket. Warum? Eben weil ihnen die Struktur fehlt. Beim gesteuerten Meeting haben Sie dagegen in derselben Zeit, die Sie früher für ein Arbeitspaket brauchten, den vollen Überblick. Das ist ein Quantensprung an Zeitersparnis, finden Sie nicht?

4. Schritt: *Auflistung der offenen Punkte*
Das können zum Beispiel Änderungswünsche von Kunden, Auftraggebern oder Steuerungsgremien sein.

5. Schritt: *Priorisierung der zu besprechenden Punkte*
Legen Sie der Wichtigkeit nach fest, in welcher Reihenfolge Sie die

gelben und roten Arbeitspaketstände und die offenen Punkte besprechen.

6. Schritt: Besprechung der priorisierten Punkte
Damit Sie auch hier Zeit sparen, folgen Sie für jeden einzelnen Punkt folgendem Muster:
a) Beschreibung der Situation in zirka fünf Sätzen (statt minutenlang im Kreis zu reden).
b) Sammlung von Lösungen, ohne sie zu bewerten oder zu diskutieren.
c) Bewertung der Lösungen: Welche ist die beste? Drei Kriterien entscheiden darüber: Was bringt jede Lösung? Was kostet sie? Welche Lösung ist also nicht nur die effektivste, sondern zugleich die effizienteste?
d) Auswahl einer Lösung.
e) Schriftliches Festhalten der Lösungsschritte = Maßnahmen.

7. Schritt: Kurze mündliche Zusammenfassung des Meetings durch den Moderator

8. Schritt: Freundliche Verabschiedung

Evaluation und Nachverfolgung

Eine halbe Stunde nach dem Meeting fragen Sie sich evaluierend:
1. Was lief gut? Was werde ich also beibehalten und mich dafür beglückwünschen?
2. Was lief nicht so gut? (Das ist nicht unbedingt Ihr Fehler, Meetings haben auch Eigendynamik.)
3. Was mache ich daher das nächste Mal anders?
4. Wo liegt verstecktes Konfliktpotenzial?

5. Was kann ich zu dessen Klärung schon jetzt tun? (siehe Teil VI, Seite 188f.)

Informieren Sie sich bei den Arbeitspaketverantwortlichen zu gegebener Zeit auch, ob und mit welchem Erfolg die im Meeting vereinbarten Maßnahmen tatsächlich umgesetzt wurden. Wenn Sie das nicht tun, kommt es häufig vor, dass nichts passiert. Denn gemacht wird, was beachtet wird.

Einige Projektmanager wenden an dieser Stelle ein: «Ich glaube kaum, dass die Arbeitspaketverantwortlichen glücklich sein werden, wenn ich ständig bei ihnen anrufe und sie kontrolliere!» Das stimmt. Niemand lässt sich gerne von einem Oberlehrer oder Besserwisser kontrollieren. Dann seien Sie eben keiner. Wenn Sie höflich und freundlich nachschauen und dabei Anerkennung für das bereits Geleistete geben, dann freut sich jede(r) über Ihren Anruf oder Ihren Besuch. Das ist übrigens ein Führungsstil: Management by Appreciation – Management durch Anerkennung. Auf diese Weise wird Kontrolle nicht mehr als Kontrolle wahrgenommen. Sie ist vielmehr eine schöne Gelegenheit, die Motivation im Team zu heben.

28. Ein Projektleiter darf sein Projektteam nicht leiten

Wer glaubt, dass ein Projektleiter sein Projekt leiten muss, glaubt auch, dass ein Zitronenfalter Zitronen faltet.

Wer leitet, leidet

Haben Sie sich nicht auch schon gefragt, warum viele Teammitglieder

* so passiv sind?
* sich quer stellen?
* Zusagen nicht einhalten?
* nicht mitdenken?
* jedes kleine Problem dem Projektleiter zurückdelegieren?
* so häufig meckern und mosern?

Sicher fallen Ihnen noch etliche andere Negativerscheinungen ein. Womit haben Sie sich diese bislang erklärt? Mit der fehlenden Motivation und Kompetenz von Teammitgliedern? Das ist die häufigste Erklärung. Sie ist falsch. Teammitglieder verhalten sich nicht so, weil sie von Natur aus passiv und schwierig sind, sondern weil sie dazu erzogen werden – ausgerechnet vom Projektleiter persönlich. Eine besonders tragische Form der Selbstsabotage. Wie entsteht sie? Ganz einfach:

Je stärker ein Projektleiter sein Team leitet, desto stärker nimmt er es aus der Verantwortung.

Daher der alte Managementspruch: Wer leitet, leidet. Eine straffe Leitung bringt zwar den berühmten Zug ins Projekt, doch mit einer schlimmen Nebenwirkung: Mitarbeiter, denen man sagt, was sie tun müssen, verlernen das selbstständige Denken. Arbeitspsychologen sprechen von der «erlernten Hilflosigkeit». Teammitglieder verhalten sich also deshalb verantwortungslos, weil der Projektleiter ihnen die Verantwortung (ab)nimmt und sie sich danach so verhalten, wie man sich ohne Verantwortung eben benimmt: verantwortungslos.

Fazit: Die stärksten Projektleiter haben die schlappsten Teams.

Warum leiten Projektleiter leider?

Weil ihnen von allen Seiten vorgelogen wird, der Projektleiter sei der oberste Verantwortliche, oberste Problemlöser und erste Druckempfänger. Daraus folgt reflexhaft: Wer alles zu verantworten hat, muss alles bestimmen. Diese Einstellung wird Ihnen ständig von allen Seiten eingeflüstert. Wenn Sie auf diese Stimmen hören, sind Sie verkauft.

Achten Sie bewusst auf solche Einflüsterungen und lehnen Sie sie bewusst ab. Erarbeiten Sie sich eine bessere Einstellung, zum Beispiel: «Ich leite mein Team nicht, weil ich es nicht zur Hilflosigkeit erziehen möchte. Ich darf nicht leiten, sondern möchte ermöglichen. Ich darf nicht diktieren, ich möchte moderieren. Ich gebe keine Antworten vor, sondern stelle Fragen. Ich schreibe nicht vor, sondern delegiere. Ich bügle nicht nieder, sondern beziehe meine Teammitglieder mit ein. Ich mache passive Betroffene zu aktiven Beteiligten.» Warum? Weil Sie sonst Ihr Projekt unweigerlich gegen die Wand leiten!

So ist das halt: Projektleiter müssen selbstständig denken. Wenn Sie das nicht können, haben Sie verloren. Können Sie es, gewinnen Sie.

Der kritische Punkt
der Verantwortungslosigkeit

Weil die meisten Projektleiter den Zusammenhang zwischen straffer Leitung und Verantwortungsentzug zwar theoretisch verstehen, doch in der Praxis damit ihre Probleme haben, betrachten wir den kritischen Punkt der Projektleitung an einem Beispiel. Der kritische Punkt liegt immer bei der Arbeitspaket (AP)-Delegation: «Peter, bis 15.5. brauchen wir diese fünf Teilergebnisse. Achte vor allem auf folgende Details ... Am besten, du machst es so und so ... Das geht immer noch am schnellsten. Versuch bloß nicht ... Halte dich einfach an diese Vorgehensskizze. Alles klar?»

Darauf kann der Projektleiter Gift nehmen. Auf etwas anderes auch: Teamkollege Peter hält sich zwar sklavisch an diese extrem detaillierte Anweisung (eine Delegation ist das nicht!) – doch er verhält sich dabei auch wie ein Sklave. Er schaltet sein Hirn aus. Eine direktive AP-Anweisung degradiert Teammitglieder zu Handlangern. Und genau so verhalten sie sich auch.

Entweder sie rebellieren dagegen und mosern verstärkt oder liefern nicht vereinbarungsgemäß ab. Oder sie fügen sich in ihr Schicksal und schalten den eigenen Verstand aus. Denn der Projektleiter leitet so straff, dass sie meinen, dafür keinen Auftrag zu haben.

Die Folge: Das Projekt verzögert sich, weil die Teammitglieder auftretende Schwierigkeiten nicht selbstständig lösen können – der Projektleiter hat sie dazu verdammt (unabsichtlich, unbewusst).

Es geht nicht darum, zu leiten, sondern sich geschickt zurückzunehmen. Wie das geht? Indem Sie nicht vorgeben, sondern fragen.

178

Wer fragt, der führt

Das folgende Schema für die AP-Delegation kennen viele Projektleiter:
1. Wer macht …?
2. Was (Ziel + Maßgröße)?
3. Warum (Veranlassung)?
4. Wozu (weitere Verwendung des AP)?
5. Bis wann?
6. Wie (Vorgehen)?
7. Womit (nötige Ressourcen)?

Nach diesem Schema werden etliche Projektmeetings geleitet (leider nicht die meisten, weshalb 60 bis 80 Prozent von ihnen ineffektiv und sehr ineffizient sind – aber das ist ein anderes Thema). Doch bei der Verwendung dieses Schemas begehen die meisten Projektleiter einen fatalen Irrtum:

Viele Projektleiter glauben, dass sie die 7W vorgeben müssten!

Die resultierenden Folgen für die Motivation der Teammitglieder haben wir bereits in aller Tiefe diskutiert. Sie sind verheerend. Dabei steht in keinem einzigen (guten) Lehrbuch, dass diese 7W vorgegeben werden müssen. Es ist sogar äußerst schädlich, wenn sie vorgegeben werden. In einem Satz: Die 7W-Delegation darf auf keinen Fall direktiv erfolgen! Sie muss nichtdirektiv sein. Was heißt das? Ganz einfach:

Ein Projektleiter muss lediglich jene Fragen stellen, deren Antworten die 7W festlegen.

Damit weckt er die Eigeninitiative seiner Teammitglieder. Denn wer Antworten geben soll, muss mitdenken – das will ein erfahrener Projektleiter damit erreichen. Natürlich darf er nicht jede Antwort akzeptieren. Doch akzeptiert er eine Antwort nicht, darf er sie nicht verwerfen. Er kann und muss lediglich so lange nachfragen, bis die entsprechende Antwort in seinem Sinne und im Sinne des Projektes ausfällt. Ein Beispiel dazu. Nehmen wir an, ein Teammitglied schlägt ein Verfahren vor, das der Projektleiter nicht akzeptiert. Dann könnten Leitfragen lauten, die zu einer akzeptablen Antwort führen: «Warum dieses Verfahren?» – «Gibt es ein Alternativverfahren?» – «Welche Vorteile hätte dieses?» – «Rechtfertigen diese Vorteile, dass wir dieses Verfahren dem anderen, das Sie eben schilderten, vorziehen?»

Wer fragt, der führt. Wer leitet, verführt zu geistiger Passivität. Wer führt, verführt zum Mitdenken. Etwas paradox ist es schon: Für einen erfahrenen Projektleiter ist es viel erfolgversprechender, seinen Teammitgliedern nicht zu sagen, wos lang geht, sondern lediglich zu wissen, wos lang gehen muss, aber ihre Antworten mit Fragen zu entlocken. Denn nur, wenn sie selbst die Antworten geben (dürfen), streben sie gerne und selbstständig dorthin, wohin es gehen muss. Wenn Sie Ihren Teammitglieder Fragen stellen, motiviert das besser als jedes Incentive und jede «Auf zu neuen Ufern»-Rede. Außerdem sichert Führung durch Fragen gleichzeitig eine hohe AP-Qualität bei maximaler Termintreue. Und das alles, bloß weil Sie sich die Antworten verkneifen (können) und stattdessen die passenden Fragen stellen.

Wer fragt, führt. Führen Sie?

29. Projektleiter sind hilflos in Konflikten

Konflikte gehören zum täglichen Projektleben.

Wer sagt das?

Konflikte kosten

Wenn es mal wieder kracht im Projekt, glauben die meisten Projektmanager: «Das gibt sich schon. Das renkt sich wieder ein. Die vertragen sich auch wieder.» Das ist eine bloße Hoffnung, kein Erfahrungswert. Denn es renkt sich in 90 Prozent der Fälle eben nicht wieder ein. Im Gegenteil. Es wird immer schlimmer – oder man redet eben wie ein altes Ehepaar nur noch das Nötigste miteinander.

Ist das so schlimm? Immerhin haltens auf diese Weise Ehepaare auch ohne größere Schäden miteinander aus! Mag sein, doch ein Projekt ist keine Ehe, wenigstens in diesem Punkt nicht. Und das aus einem einfachen Grund: Konflikte sind nicht gratis. Konflikte kosten! Die Konfliktkosten in Projekten sind zwar meist unmerklich, aber immens:

- In Konflikten mauern die Beteiligten gegeneinander: Alles braucht viel länger. Auch deshalb kommen die meisten Projekte in Terminprobleme (was man natürlich auf den knappen Endtermin schiebt, nicht auf die mangelnde Konfliktkompetenz des Projektmanagers).
- Da man nicht mehr offen miteinander spricht, werden Probleme erst in letzter Sekunde gemeldet.
- In schwelenden Konflikten gibt es ständig Streitereien über Nichtigkeiten, die Zeit fressen und das Projekt aufhalten.

In Konflikten behalten viele Teammitglieder lieber ihre Meinung für sich, weil sie nicht anecken wollen. Dadurch fallen wertvolle Anregungen unter den Tisch, weshalb es immer wieder heißt: «Dieses Arbeitspaket hätten wir auch viel schneller, besser, einfacher erledigen können. Warum hat keiner was gesagt?» Weil sich keiner traute.

Die Gründe der Inkompetenz

Die meisten Projektmanager sind konfliktinkompetent. Das ist kein Vorwurf. Denn woher, bitte schön, soll ein Projektmanager die nötige Kompetenz denn herhaben? Niemand hat ihn dafür ausgebildet, niemand hat es ihm gezeigt. Auch deshalb ist es wichtig, dass ein Projektmanager sich als «Geschäftsführer auf Zeit» versteht (siehe Kapitel 3, Seite 34). Denn ein Unternehmer beklagt nicht einen Zustand, er verbessert ihn und holt sich die nötige Kompetenz.

Ein zweiter Grund für die vielen kostenintensiven Konflikte in Projekten ist: Wir haben uns schon so daran gewöhnt. Vielfach ist der Umgangston ohnehin so konfliktgeladen, dass man Konflikte für etwas ganz Normales hält. Das ist es aber nicht. Gewöhnen Sie es sich ab, einen Konflikt als etwas Normales zu betrachten. Betrachten Sie ihn als das, was er ist: eine unnötige Kostenposition, die den Erfolg Ihres Projektes bedroht und Ihnen unnötig Stress verursacht.

Konfliktmanagement ist nicht kompliziert. Es ist einfach nur ungewohnt. Sie können sich eine gute Konfliktkompetenz mit der im Folgenden skizzierten Differenzialtechnik aneignen. Mit ein wenig Übung oder Training können Sie damit in wenigen Wochen alle anfallenden Konflikte schnell, stressarm, einfach und wirksam lösen.

Die Differenzialtechnik

Es gibt ungeheur viel komplizierte Literatur und Seminare zum Thema Konfliktmanagement. Doch im Grunde laufen alle Konflikttechniken auf eine einzige Metatechnik hinaus: Konfliktbewältigung in einem Satz: Um einen Konflikt zu klären, arbeiten Sie die Unterschiede heraus.

Da Konflikte aus Differenzen bestehen, sind diese Differenzen zugleich auch Basis jeder Lösung. Das klingt halbwegs einleuchtend. Warum kommen die meisten Projektmanager nicht von selbst drauf? Weil sie wie viele Menschen ganz unbewusst denken: Wo Meinungsunterschiede auftauchen, existieren Unvereinbarkeiten. Wir halten unvereinbare Meinungsunterschiede für die Ursache von Konflikten. Dabei sind sie viel eher Basis jeder Konfliktlösung:

Wenn Sie Meinungsunterschiede nur genau genug herausarbeiten, löst sich jeder Konflikt wie von selbst.

Dazu ein Beispiel. In einem Projektteam sagt eine Fraktion: «Lasst uns die neue Technik einsetzen!» Eine andere Fraktion sagt: «Seid ihr verrückt? Die ist doch noch gar nicht ausgereift! Wir holen uns doch keine blutige Nase und setzen das Projekt in den Sand, bloß weil ihr ein neues Spielzeug ausprobieren wollt!» Und schon hat man den schönsten Konflikt. Warum passiert das? Weil der Konflikt nicht *moderiert* wird – so nennt man die Tätigkeit des Konfliktmanagements.

Arbeiten Sie im Konfliktfall als Konfliktmoderator die Unterschiede der beteiligten Positionen heraus. Stellen Sie die folgenden Fragen zuerst einer Konfliktpartei, dann der anderen (und eventuell allen folgenden). Vereinbaren Sie die Konfliktbewältigungsregel: «Solange ich eine Partei befrage, müssen die anderen aufmerksam zuhören und dürfen keine Zwischenbemerkungen machen.»

Die sechs Fragen der Differenzialtechnik

1. Was genau meinen Sie mit Ihrer Position? (Konkretisierung der Meinung.) Bitte so konkret, einfach und kurz wie möglich. Am besten in einem Satz.
2. Was bringt es Ihnen, wenn wir Ihrer Meinung folgen? (Das Interesse hinter der Meinung.) Bitte ebenfalls so konkret wie möglich.
3. In welchem Maß dient Ihr Vorschlag unserem Projektziel? (Zielbeitrag der Meinung.)
4. Welche Schwierigkeiten sind mit dem Vorschlag verbunden? (Kosten des Vorschlags.)
5. Wie können wir diese überwinden?
6. Was sind objektive Kriterien für die Qualität dieser Lösung?

Was die Differenzialtechnik bewirkt

Wenden Sie die Differenzialtechnik an, beginnt jede Konfliktpartei erst einmal zu verstehen, was die andere Partei überhaupt meint. Meist ist das nämlich völlig unklar. Dieser erste Schritt bewirkt schon eine bedeutende Deeskalation des Konflikts:

In der Regel klären sich Konflikte bereits dadurch, dass die Missverständnisse über die Meinung des anderen ausgeräumt werden. «Jetzt verstehe ich endlich, was Sie wollen und warum!» Sobald das einer sagt oder auch nur denkt, ist der Dampf aus dem Konflikt raus. Meist einigt man sich an diesem Punkt des Verständnisses bereits auf eine gemeinsame Lösung.

Konflikte entstehen nicht durch Meinungsverschiedenheiten, sondern durch Unverständnis.

Wir streiten uns nicht, weil wir unterschiedlicher Meinung sind und diese Meinungen nicht vereinbar wären. Wir streiten uns, weil wir uns nicht verstehen. Verständnis schließt Konflikte aus.

Konfliktlösung im Härtefall

Bei besonders verhärteten Konflikten muss man hin und wieder zu stärkeren Mitteln greifen – wobei die Frage erlaubt sei, warum man es erst so weit kommen ließ. Wie dem auch sei, wenn das Herausarbeiten der konkreten Unterschiede nicht zur gewünschten Klärung führt, können Sie auch den umgekehrten Weg gehen:

Suchen Sie statt der Unterschiede das, was den widerstreitenden Meinungen gemein ist.

Suchen Sie den größten gemeinsamen Nenner der Konfliktpartner. Meist ist es: Beide Parteien wollen das Beste fürs Projekt oder eine besonders zuverlässige technische Lösung oder einen zufriedenen Kunden. Sagen Sie den Parteien diese Gemeinsamkeit nicht auf den Kopf zu, sondern erfragen Sie sie, und zwar ausdauernd. Diese Gemeinsamkeit verbindet die Parteien und löst den Konflikt. Man einigt sich auf eine gemeinsame Lösung.

Falls danach immer noch keine Lösung erzielt wird, schalten Sie einen externen Konflikt-Profi, einen Konfliktmoderator ein. Sein Honorar ist immer noch billiger als die Kosten des Konflikts oder der andauernde erfolglose Versuch, den intern unlösbar gewordenen Konflikt doch noch irgendwie zu lösen.

Teil VI:
Die Wahrheit über Krach im Projekt

30. Gehen Sie Konflikten niemals auf den Grund

Viele glauben, man müsse Problemen auf den Grund gehen. Auf diese Weise wird ihre Lösung verhindert.

Nicht ergründen, sondern lösen

Konflikte sind im Projekt an der Tagesordnung. Irgendwer kabbelt sich immer mit irgendwem über irgendetwas. Das ist ärgerlich, weil es das Projekt aufhält. Wie reagieren Projektmanager auf diese leidigen Störungen? In der Regel falsch. Nämlich so: «Was ist denn jetzt wieder los? Woran liegts denn? Wer hat wieder was gesagt oder getan, dass jetzt alles durcheinander kommt?» Was tut der Projektmanager da? Er geht der Sache auf den Grund. Das machen wir alle automatisch bei Konflikten. Wir wurden praktisch so erzogen. Die Folgen dieser Reaktion:

- Wen immer Sie auch fragen, woran es denn liege, wird Sie nun mit stundenlangen Erklärungen zudichten.
- Je länger die Erklärungen werden, desto trüber wird der Durchblick.
- Die Erklärungen finden kein Ende, sondern entwickeln sich zur unendlichen Geschichte nach dem Muster: «Erst hat A das gesagt.» – «Was? Warum das denn?» – «Weil … Darauf hat B das gemacht.» – «Wie? Warum das denn?» – Weil … Darauf hat A wiederum …» Und so weiter. Sie kennen das ja.

Den Dingen auf den Grund zu gehen, ist offensichtlich eine völlig ungeeignete Technik zur Konfliktlösung. Wer einem Konflikt auf den Grund geht, verlängert und eskaliert ihn damit. Wollen Sie das?

Sicher, wir sind es gewohnt, Konflikte derart ungeeignet anzupacken. Doch es bleibt jedem geistig gesunden Menschen selbst überlassen, eine ungesunde Angewohnheit abzulegen und sich etwas Vernünftiges anzugewöhnen.

Blick nach vorn

Wer einen Konflikt ergründen will, blickt dabei nach hinten, auf den Grund, die Ursache. Die Lösung eines Problems liegt jedoch nicht hinten, in der Vergangenheit, sondern vorne. Wo sonst?

Anstatt also zu fragen: Was ist der Grund?, sollte man lieber fragen: Was ist die Lösung?

Wer statt über Gründe über Lösungen nachdenkt,
- benötigt nur einen Bruchteil der Zeit für eine Lösung,
- erzielt Ergebnisse, die alle Konfliktparteien mittragen,
- vermeidet Schuldzuweisungen,
- verbessert das Klima (Ergründen verschlechtert es),
- schweißt das Team zusammen (Ergründen entzweit es),
- entlastet sich selbst, weil der Konflikt nicht eskaliert und keine kostbare Zeit stiehlt!

Mit diesen Vorteilen im Hinterkopf wird Konfliktlösung fast zum Kinderspiel.

Checkliste: Konflikte lösen
- Verschwenden Sie keinen Gedanken daran, dem Konflikt auf den Grund zu gehen.
- Unterbinden Sie alle Versuche der Beteiligten, dem Konflikt auf den Grund zu gehen, Schuldzuweisungen zu machen oder Sündenböcke zu suchen.

- Unterbinden Sie diese Versuche mit der ständigen Wiederholung: «Wir suchen hier keine Schuldigen und keine Gründe. Wir suchen Lösungen.»
- Fragen Sie Konfliktpartner A: «Was wäre in drei Sätzen in Ihren Augen eine gute Lösung?»
- Fragen Sie Konfliktpartei B (und danach jede weitere): «Was wäre in drei Sätzen in Ihren Augen eine gute Lösung?»
- Moderieren Sie die Verhandlungen über die präsentierten Lösungen.
- Einigen Sie sich auf eine Lösung im Konsens.

Daran erkennen Sie auch, warum Ergründen nichts bringt: Gründe gibt es viele, und keiner weiß so recht, was denn nun der wirkliche Grund ist. Lösungen dagegen gibt es immer nur eine, auf die sich alle einigen können. Und das geht sehr viel schneller, als stundenlang über obskure Gründe zu spekulieren.

Wenn Sie Konflikte lösen wollen, reden Sie über Lösungen.

Eine Voraussetzung sollten Sie allerdings mitbringen: Sie sollten moderieren können. Moderationskompetenz brauchen Sie ohnehin für Ihre Teammeetings. Aber diese Frage haben wir schon behandelt (siehe Seite 171ff.).

31. Change Requests bringen Geld

Die meisten Projektmanager glauben, dass Change Requests den Laden unnötig aufhalten. Das Gegenteil ist der Fall: Nicht mit dem Projekt, sondern mit den Change Requests wird das eigentliche Geld verdient.

Änderungswünsche bringen bares Geld

Das Projekt ist gerade so schön unterwegs; alles läuft zur Abwechslung mal wie am Schnürchen – da bringt der Kunde plötzlich einen Änderungswunsch, eine Extrawurst, einen Change Request. Jetzt ist Sand im Getriebe. Das Projektteam ärgert sich mächtig, und möglicherweise bricht der Projektmanager auch mit dem Kunden oder Auftraggeber einen Streit vom Zaun: «Muss das jetzt sein? Wozu soll das denn nun wieder gut sein?» Warum der Ärger? Weil Änderungswünsche das Projekt unnötig aufhalten und außerdem die Marge auffressen. Das glauben zumindest die meisten Projektmanager. Doch das ist ein Irrtum. Es verhält sich nämlich genau umgekehrt: Die meisten Projekte wären verlustbringend, wenn man nicht mit den Änderungswünschen die Rendite einfahren könnte.

Das ist wie beim Auto-Tuning: Ein Golf kostet heute zirka 20 000 Euro. Ein voll durchgetunter Golf kostet dagegen 50 000 Euro mehr. Das heißt, das dicke Geld, die fette Marge, ist beim Sonderzubehör, beim Tuning und bei den Extrawünschen zu holen. Vor allem: Der Kunde verhandelt möglicherweise wegen 500 Euro Rabatt beim Neuwagen. Wenn er sich dagegen eine Sonderlackierung machen lässt, handelt er nicht – obwohl dabei die Marge des Händlers viel höher ist. Wenn Sie also einen Kollegen über Änderungswünsche klagen hören, können Sie sicher sein, dass er nicht weiß, warum und wie diese seiner Rendite gut tun.

Änderungswünsche sind bares Geld wert – wenn man sie versilbern kann.

An Änderungswünschen verdienen: Der Leistungskatalog

Wegen Änderungswünschen sollte man deshalb keinen Konflikt mit dem Kunden oder mit dem Team riskieren, sondern man muss an ihnen verdienen. Genau dies können jedoch viele Firmen und Projektleiter nicht, weil sie vergessen, dafür die Grundlagen zu schaffen. Die Grundlagen für rentable Änderungswünsche liegen in der Leistungsvereinbarung. Viele dieser Vereinbarungen lauten ungefähr so: «Sie zahlen 100 000 Euro und wir sorgen dafür, dass das Projektergebnis zufrieden stellend funktioniert.» Diese überwiegend anzutreffende Formulierung zeugt von einer ruinösen Projektinkompetenz. Denn auf Deutsch bedeutet sie: «Alle Änderungswünsche sind inklusive!»

Die richtige Formulierung lautet: «Sie bekommen für 100 000 Euro von uns genau folgende Leistungen …», und dann folgt eine seitenlange Spezifikation von exakten, überprüfbaren Leistungsmerkmalen; der so genannte Leistungskatalog. Sobald der Kunde auch nur ein i-Pünktchen von diesem Katalog abweicht, zahlt er. Denn Vertrag ist Vertrag.

Der Leistungskatalog macht Änderungswünsche zu barem Geld.

Bei jeder Abweichung vom Leistungskatalog können Sie den damit verbundenen Mehraufwand berechnen. Wenn das so einfach ist, warum machen es dann nicht alle?

Fehler in der Angebotserstellung

Wenn Projektleiter, Controller und Manager über unrentable Änderungswünsche klagen, können Sie sicher sein, dass sie bei der Angebotserstellung schlafen. Sie erstellen exakt jenen Leistungskatalog nicht. Warum? Weil sie den Aufwand dafür scheuen: «Das muss nicht so detailliert sein. Dazu haben wir die Zeit nicht. Immerhin haben wir ja den Auftrag noch nicht!» Das ist ein weiterer Irrtum: Eine professionelle Angebotserstellung mit einem kompletten Leistungskatalog kostet nicht mehr Zeit als eine schlampige Angebotserstellung.

Denn jedes neue Angebot lässt sich größtenteils aus bereits kalkulierten Teilen alter Angebote modulartig zusammenfügen. Man muss nur wissen, aus welchen. Das heißt: Der Angebotsersteller muss kompetent sein und auf eine gut gepflegte Datenbank und ein gutes System zur Angebotserstellung zurückgreifen können.

Was Sie bei der Angebotserstellung versäumen, können Sie hinterher auch nicht durch das beste Projekt-Controlling aufholen. Die Rendite, die Sie beim Angebot verlieren, bleibt verloren.

Nur das, was im Angebot drin steht, können Sie zu Geld machen. Steht es nicht drin, verdienen Sie an den Änderungswünschen auch kein Geld. Im Gegenteil: Es kostet Sie sogar, weil Sie die Änderungswünsche ausführen müssen und dafür keinen müden Cent sehen.

Wann sorgen Sie dafür, dass mit jedem Angebot ein kompletter Leistungskatalog rausgeht? Was ist dafür nötig? Woher holen Sie sich das?

Einwände

Manchmal bricht der Kunde trotz Leistungskatalog einen Streit vom Zaun: «Diese winzige Änderung muss doch im Preis drin sein!» – «Tut mir Leid, damit haben wir nicht kalkuliert. Sie sehen doch, dass diese Leistung nicht im Leistungskatalog verzeichnet ist.» – «Aber das ist doch bloß eine Kleinigkeit. Das muss doch im Preis drin sein!» Und so weiter. Wenn der Kunde einmal auf dieser Schiene fährt, kann der Streit nur noch eskalieren. Fahren Sie nicht mit auf dieser Schiene. So kommen Sie nicht weiter.

Schlagen Sie einen anderen Weg ein. Fragen Sie ihn: «Warum wollen Sie die Kleinigkeit überhaupt? Was ist Ihnen daran besonders wichtig?» Darauf warten Sie die Antwort ab und sagen dann: «Wir bemühen uns, das irgendwie unterzubringen. Bevor wir jedoch anfangen, möchte ich Ihnen noch eine kurze Auflistung mit den entsprechenden Mehraufwänden zeigen und was das unter Umständen mehr kosten könnte.» Der Kunde sieht sich das an und sieht auch, was es mehr kosten könnte. Dann fragen Sie ihn: «Ist es Ihnen das überhaupt wert?» Danach lassen Sie ihn entscheiden. Das heißt:

Streiten Sie nicht darüber, ob der Zusatzaufwand bereits im Preis drin sein müsste oder nicht. Fragen Sie den Kunden stattdessen, ob ihm der Aufwand die zusätzlichen Kosten wert ist oder nicht.

Damit sind Sie fein heraus: Die Entscheidung liegt nun beim Kunden. Das Schöne daran: Dabei gewinnen Sie immer. Wenn der Kunde bei seinem Change Request bleibt, zahlt er auch. Entscheidet er sich dagegen, macht er Ihnen wenigstens keine zusätzliche Arbeit, lässt Ihnen Ihre Marge und ist Ihnen sogar noch dankbar, dass Sie ihm gezeigt haben, dass sein Sonderwunsch den

Aufwand nicht wert ist. Eine Win-Win-Situation. Sie ist typisch für gute Konfliktlösungen.

32. Das Topmanagement hat keine Ahnung vom Projektmanagement

Allgemein wird angenommen, dass Topmanager wissen, wie Projektmanagement funktioniert.
Sie wissen es mehrheitlich nicht.

Oben ohne

Bei der Projektarbeit erhalten Führungskräfte und Mitarbeiter eines Unternehmens in der Regel eine sehr desillusionierte Sicht auf das Topmanagement ihres Unternehmens. Tenor: «Die da oben haben doch keine Ahnung von Projektarbeit. Die machen uns bloß unnötig das Leben schwer!» Das heißt, es knirscht und kracht zwischen Topmanagement und Projektteams. Auch deshalb ist es inzwischen vielfach schwierig geworden, Projektleiter für Projekte zu gewinnen. Keiner will sich diesen Ärger, diese ständigen Konflikte länger zumuten.

Herausragendes Beispiel für das etwas realitätsferne Verständnis vieler Topmanager von Projektarbeit ist die verbreitete Fehlschätzung des Aufwandes von Projekten. Topmanager gehen in der Regel davon aus, dass Projekte sehr viel weniger Aufwand, Personal, Budget und andere Ressourcen benötigen, als sie tatsächlich verbrauchen. Sie glauben, dass Projekte den normalen Betriebsablauf nicht stören. Sie glauben an Endtermine (und sagen sie unglücklicherweise auch Kunden zu), die man aus Sicht der Projektteams nur als utopisch bezeichnen kann – um es höflich zu formulieren. Sie sind viel zu optimistisch, was den Projekterfolg anlangt: «Sie machen das schon. Es hat bislang auch immer geklappt.» Das ist Management by Hope, kein Projektmanagement.

Harakiri-Methoden der Konfliktklärung

Um keine Missverständnisse entstehen zu lassen: Es gibt Topmanager, die eine herausragende Projektkompetenz mitbringen und ihren Projektteams nicht nur nicht die Arbeit erschweren, sondern sie in vorbildlicher Weise unterstützen. Über diese Manager reden wir hier nicht. Wir reden über jene, die diese nötige Kompetenz nicht mitbringen und damit sich, ihrem Unternehmen, ihren Kunden, ihren Projektmanagern und Projektteams das Leben schwer machen. Wie reagieren Projektmanager auf solche Topmanager?

Die erste Reaktion ist der offene Konflikt: «Wie stellen Sie sich das vor? Endtermin am 31.12.? Da haben wir noch nicht mal den vorletzten Meilenstein erreicht!» Diese Harakiri-Methode löst den Konflikt nicht, sie eskaliert ihn. Denn der Topmanager wird sofort kontern: «Kommen Sie mir nicht mit Details. Wir müssen das einfach zum 31.12. schaffen. Also sehen Sie zu, wie Sie das hinbekommen!»

Der Projektmanager stürmt raus aus dem Büro und regt sich fürchterlich auf: «Die da oben haben keine Ahnung!» Irgendwann beruhigt er sich provisorisch, schluckt den Ärger runter und versucht, trotzdem irgendwie weiterzuarbeiten. Er versucht, das Unmögliche möglich zu machen. Das geht meist schief, eben weil es unmöglich ist. Und Schuld daran hat dann natürlich nicht der ahnungslose Topmanager, sondern der Projektleiter. Diese heftigen Reaktionen führen zu nichts. Im Gegenteil. Sie machen nichts als Ärger. Es gibt bessere Lösungen für diesen Konflikt.

Konfliktlösung mit belegten Behauptungen

Betrachten wir ein Beispiel. Der Topmanager und Auftraggeber sagt zum Projektmanager: «Endtermin 31.12. Sie bekommen von mir drei Leute dafür.» Der Projektleiter sagt aufgrund seiner groben Vorkalkulation: «Mit drei ist das nicht zu schaffen. Ich brauche vier.» Das ist die Harakiri-Methode (siehe oben). Darauf sagt der Chef nur: «Ich habe im Moment nur drei. Damit müssen Sie auskommen.»

Warum sagt er das? Warum scheitert der Versuch der Konfliktklärung? Weil tatsächlich nur drei Leute vorhanden sind? Nein, weil der Projektmanager etwas einsetzt, was man niemals einsetzen darf, wenn man einen Konflikt klären möchte: Unbewiesene Behauptungen bringen nichts; sie eskalieren eher.

Dass das Projekt mit drei Personen nicht zu schaffen ist, fasst der Topmanager als unbewiesene Behauptung auf und denkt: «Der Projektleiter ist einfach nicht motiviert genug.»

Unbewiesene Behauptungen sind wertlos. Belegen Sie Ihre Behauptungen. Zeigen sie etwas Schriftliches.

Der Beleg sollte nach dem KISS-Kriterium erfolgen: *Keep it short and simple!* Erläutern Sie Ihre Behauptung kurz, übersichtlich und in einfacher Sprache. Schließlich haben möglicherweise Sie Erfahrung und Training in Projektmanagement – die meisten Topmanager haben keines von beidem. Belegen Sie eine Behauptung, einen Wunsch oder einen Vorschlag immer mit etwas Schriftlichem, das nicht über eine A4-Seite hinausgehen sollte. Damit der Topmanager auf den ersten Blick sieht, warum das, was er möchte, nicht zu machen ist.

Die Wirkung des Ganzen: Der Topmanager wird Ihren Einwand nun nicht mehr rundheraus ablehnen, sondern mit Ihnen darüber diskutieren. Das ist die normative Kraft des Faktischen: Zeigen Sie etwas Schriftliches. Das überzeugt besser als jede Behauptung. Möglicherweise werden Sie nicht Ihren vierten Mann bekommen. Doch Sie werden auf jeden Fall eine Verbesserung herausholen; zum Beispiel eine Absenkung der Zielvorgaben. Damit haben Sie schon etwas gewonnen.

«Aber der Chef muss das doch sehen!»

Viele Projektmanager sind nicht dazu bereit, ihren Topmanagern Nachhilfe in Projektmanagement zu geben: «Das muss er doch sehen oder wissen, dass es so nicht geht. Wofür bekommt er schließlich sein horrendes Gehalt?!» Das ist eine verständliche Meinung, die jedoch etwas an der Realität vorbeigeht. Ein Topmanager braucht gerade kein Spezialist in Projektmanagement zu sein – dafür hat er nämlich Sie! Natürlich wäre es wünschenswert, wenn mehr Topmanager etwas mehr Ahnung von Projektarbeit hätten. Doch solange das nicht der Fall ist, ist eines gewiss: Es nützt Ihnen rein gar nichts, wenn Sie klagen.

Argumentieren Sie auch gegenüber Vorgesetzten wie gegenüber Kunden: einfach und geduldig.

Vielen Projektmanagern gelingt das nicht, weil sie sich immer noch wie ein kleiner Erfüllungsgehilfe des Topmanagements fühlen. Das ist leider die falsche Berufsauffassung. Erfahrene Projektmanager haben eine andere Einstellung. Sie definieren sich nicht als Handlanger, sondern als Dienstleister ihrer Vorgesetzten: «Kennt ein Topmanager sich nicht aus im Projektmanagement, dann kläre ich ihn eben auf! Ich liefere Entscheidungsvorlagen, keine unbewiesenen Behauptungen. Ich übernehme Verantwortung auch für die Information und Führung meiner Chefs.» Mit dieser Einstellung werden Sie keine Konflikte und keinen Ärger mehr mit Topmanagern haben, die etwas seltsame Vorstellungen von Projektarbeit hegen.

Sicher, das macht auf den ersten Blick etwas einsam. Aus der Linienarbeit sind wir es gewohnt, dass wenigstens der Chef mehr oder weniger hinter uns steht. Im Projekt ist es nun plötzlich nicht nur nicht mehr so, dass er hinter uns steht und uns führt; nein, jetzt ist es sogar umgekehrt: Wir müssen ihn führen! Das ist ungewohnt. Aber das ist zugleich auch genau das, was Projektarbeit für erfahrene und erfolgreiche Projektmanager so attraktiv macht: Selbst als kleiner Angestellter sind Sie den mächtigsten Bossen in Ihrem Unternehmen bis rauf in den Vorstand ebenbürtig – eben weil Sie als Projektmanager Geschäftsführer auf Zeit, Chef Ihrer eigenen GmbH sind. Sie sind Boss unter Bossen, Manager unter Managern, Chef unter Chefs. Sie sind jedem Topmanager in Ihrem Unternehmen de facto ebenbürtig.

Wenn Sie mit dieser Einstellung ans Projekt gehen, werden Sie nicht nur niemals wieder Krach mit «denen da oben» haben – Sie werden darüber hinaus auch großen Erfolg in der Projektarbeit und eine Menge Spaß haben. Ein guter Projektmanager ist Herrscher im eigenen Reich. Genießen Sie es. Es gibt kaum etwas, was sich besser anfühlt (wenigstens nicht im Berufsleben).

33. Das Topmanagement behindert die eigenen Projekte

Viele glauben, dass Manager ihre eigenen Projekte unterstützen.
In der Praxis wäre es schon ein Fortschritt, wenn sie aufhören
würden, sie zu behindern.

Das Montagsmassaker

Wer mehr als zwei Projekte gemanagt hat, kennt diese Tage – aus einer unerfindlichen Laune des Topmanagements heraus sind es oft Montage, an denen man nichts ahnend und gut gelaunt im Büro einläuft, um kurz darauf einem Herzinfarkt nahe zu sein: Das Topmanagement hat

- Ihnen noch ein weiteres Projekt aufgebrummt, obwohl Sie bereits jetzt schon kein Land mehr sehen;
- Ihr Projekt großartig als «strategisch wichtiges Projekt» verabschiedet und verabschiedet sich nun auf Französisch aus allen Verpflichtungen: Die benötigten Ressourcen werden nicht zur Verfügung gestellt;
- Ihnen volle Unterstützung zugesagt und lässt Sie nun hängen;
- mit einem Federstrich Ihr Projektbudget zusammengestrichen (ohne natürlich die Anforderungen zu senken);
- Teammitglieder aus Ihrem Team abgezogen (ohne für Ersatz zu sorgen oder den Endtermin zu verlängern);
- ohne Absprache die Projektziele hochgeschraubt;
- einem Kunden etwas zugesagt, was erst noch – unter Umgehung der Schwerkraft und fünf anderen Naturgesetzen – erfunden werden muss;
- den Endtermin vorverlegt, ohne Sie vorher nach Ihrer Meinung zu fragen oder wenigstens das Budget aufzustocken oder zusätzliche Teammitglieder abzustellen.

Eine ganz schöne Latte an Behinderungen, nicht? Und das sind nur die häufigsten. Man sollte meinen, dass das Topmanagement die eigenen Projekte nach Kräften unterstützt. Viele desillusionierte Projektmanager behaupten das Gegenteil: «Die behindern uns, wo es nur geht!» Als Projektmanager kommt man sich dabei nicht nur im Stich gelassen vor. Man fühlt sich regelrecht auf den Arm genommen. Aber was soll man machen, wenn das allmächtige Topmanagement dazwischenfunkt? Kann man das überhaupt verhindern? Aber sicher doch. Das ist lediglich so wenig bekannt, dass es einige für unmöglich halten.

Die Prioritätenabwehr

Es ist wie im Sport: Gerade gegen die übermächtigsten Gegner gibt es die besten Verteidigungsstrategien. Wenn zum Beispiel der Tabellenletzte gegen einen übermächtigen Gegner 90 Minuten mauert wie eine Maurerkolonne, können sich selbst (oder gerade) die Bayern die Zähne an diesem Bollwerk ausbeißen. Auch fürs Projektmanagement gibt es diese Abwehrstrategien. Eine der besten Strategien:

Überraschungsübergriffe aus dem Topmanagement verhindern Sie mit der Prioritätenabwehr.

Ein Beispiel. Nehmen wir an, ein mächtiger Topmanager hat am frühen Montagmorgen zwei Ihrer Teammitglieder mir nichts, dir nichts abgezogen. Dann marschieren Sie schnurstracks in sein Büro und sagen: «Wir können nicht auf zwei Leute verzichten und gleichzeitig den Endtermin halten.» Als Beleg für diese Behauptung (siehe Kapitel 32, Seite 196) haben Sie auf einem schnell erstellten A4-Blatt die Arbeitspakete der Abgezogenen aufgelistet und die geplanten Aufwände in Personentagen. Ganz unten auf dem Blatt steht die Anzahl der Personentage, die Ihnen jetzt fehlen. Dieser erste Zug gibt dem Topmanager schon heftig zu denken. Trotzdem wird er nicht klein beigeben. Er wird kontern: «Ich verstehe Ihr Problem, aber verstehen Sie bitte auch meines: Ich brauche die Leute dringend! Und irgendwo muss ich sie eben abziehen!» Das ist Ihr Stichwort. Sagen Sie: «Sicher. Das ist mir auch klar. Aber dann ziehen Sie sie doch bitte aus einem Projekt ab, das weniger wichtig ist als unseres.» Das ist der Clou an der Projektflut in Unternehmen: Es gibt immer reichlich Projekte, die weniger wichtig sind als Ihres.

Warum funktioniert das?

Warum kommt der Chef nicht von sich aus auf die Idee mit den Projektprioritäten? Dafür gibt es einige Gründe: Chefs

*   entscheiden in der Regel und vor allem unter Zeitdruck nicht nach Prioritäten, sondern nach Bequemlichkeit und Schnelligkeit des Zugriffs: «Wo könnte ich zwei Leute herbekommen? Welche Projekte habe ich denn gerade überhaupt?» Und dann nimmt man, was einem gerade einfällt.
*   haben in der Regel nicht den Überblick über alle Projekte und deren Prioritäten. Diesen Überblick verschafft Multiprojekt-Management. Und Multiprojekt-Management wird in nur ganz wenigen Unternehmen praktiziert.
*   sind mit so vielen anderen Dingen beschäftigt, dass sie über Projekte nicht auch noch großartig nachdenken können.
*   entscheiden oft auch danach, wer am lautesten schreit. Also machen Sie den Mund auf!

Selbst wenn der Topmanager nicht auf Ihr Prioritätenargument eingeht, können Sie ihm mit diesem Argument Zugeständnisse abringen – wenn Sie gut verhandeln können, was Sie als guter Projektmanager sicher können. Sonst trainieren Sie es. Auch dafür gibt es gute, projektspezifische Trainings.

Wenn das so einfach ist ...

... warum machen es dann nicht alle Projektmanager? Weil sich viele nicht wie Projektmanager fühlen. Sie fühlen sich auch im Projekt immer noch wie ein Linienmitarbeiter, der darauf wartet, dass man ihm sagt, wos langgeht.

Wenn ihnen ein Topmanager am Montagmorgen das Projekt verhagelt, dann fluchen sie zwar, ärgern sich und beklagen sich bei den Kollegen über die Attacke von oben. Doch dann trotten sie brav hinterher. In der Linie mag das funktionieren. Im Projekt funktioniert es nicht. Als Projektmanager sind Sie Unternehmer unter Unternehmern. Sagen Sie also dem Kollegen, der eben Ihr Budget zusammengestrichen hat, von Mann zu Mann, dass er das gefälligst mit einem weniger hoch priorisierten Projekt tun soll. Wenn Sie so selbstbewusst auftreten, wird er das akzeptieren oder zumindest mit sich reden lassen. Übrigens: selbstbewusst heißt nicht frech.

Es gibt noch einen Grund, weshalb viele Projektleiter Behinderungen von oben hinnehmen: Sie kommen überhaupt nicht darauf, dass es weniger wichtige Projekte geben könnte, weil es von oben herab immer heißt: «Alle Projekte sind gleich wichtig!» Das ist natürlich lediglich ein Werbespruch. Das müssen Manager sagen, damit ihre Projektleiter motiviert sind – zumindest glauben sie das. Dass diese Motivation nicht funktioniert, merken sie zwar auch – doch es mangelt ihnen an Alternativen.

Motivation hin oder her: Die Aussage stimmt einfach nicht.

Es gibt keine Menge von Elementen auf der Welt, deren Elemente alle gleich wichtig wären (das ist übrigens das Gauß'sche Gesetz der Normalverteilung). Das ist eine mathematisch-empirische Unmöglichkeit. Also schlagen Sie sich den Gedanken aus dem Kopf.

Projekte sind niemals alle gleich wichtig.

Es gibt immer Projekte, die weniger wichtig sind als Ihre.

Schlusswort

Sie haben in den Kapiteln dieses Buches eine Menge an Lügen und Irrtümern übers Projektmanagement kennen gelernt. Was heißt kennen gelernt? Wahrscheinlich haben Sie die meisten bereits gekannt, weil Sie auch schon mal darauf hereingefallen sind. Das ist keine Schande. So geht es jedem Projektmanager, jeder Projektleiterin. Schließlich ist es nicht leicht, Lügen zu durchschauen, wenn einem die ganze Welt, wenn einem Topmanager, Trainer und Ratgeber diese Lügen täglich aufs Brot schmieren.

Dabei haben wir lediglich eine Auswahl der 33 verbreitetsten bitteren Wahrheiten diskutiert. Es gibt noch eine Menge mehr. Sie sind quasi eine unerschöpfliche Ressource – so ziemlich die einzige unlimitierte Ressource in Projekten. Sicher fallen Ihnen auf Anhieb eine Hand voll knackiger Lügen und bitterer Erfahrungen aus Ihrem Unternehmen ein. Auch wenn Sie sie nicht in diesem Buch wiedergefunden haben, können Sie sie durchschauen und die Wahrheit über Projektmanagement erkennen.

Wenn Sie kürzlich über eine schöne Projektlüge gestolpert sind, die nicht in diesem Buch vorkam, dann mailen Sie sie uns doch (Adresse auf der Folgeseite). Viele der beschriebenen Erfahrungen kommen direkt von Projektmanagern, die wir trainieren, coachen oder beraten. Es gibt in der Zwischenzeit fast schon so etwas wie ein Netzwerk der Lügenentdecker. Etliche dieser Entdecker treffen sich übrigens in unserem virtuellen Projektforum (siehe Seite 208). Wenn Sie Lust haben, dann klicken Sie sich doch mal hinein.

Natürlich haben sich Projektmanager von Anbeginn des Projektmanagements mit Lügen und Mythen beschäftigt. Aus dieser Beschäftigung hat sich im Laufe der Jahre eine Art Dreiklassengesellschaft entwickelt:

- Viele Projektmanager fallen regelmäßig auf die kursierenden

Lügen und Irrtümer herein – und merken es noch nicht einmal! Sie halten sie für bare Münze.

- Etliche Projektleiter durchschauen die Märchen, die man ihnen erzählt, handeln jedoch nicht danach, weil sie das Gefühl haben: So verquer und verlogen müssen Projekte eben laufen. Das gehört dazu, so ist das nun eben mal, daran kann man/frau nichts ändern.
- Ungefähr 20 Prozent der Projektmanager durchschauen die Lügen und handeln auch entsprechend.

Diese dritte Klasse von Projektleitern kennt die Wahrheit über Projektmanagement und handelt auch danach. Sie sind auf den ersten Blick als Chef im eigenen Projekt, als Geschäftsführer im eigenen kleinen Unternehmen erkennbar. Jeder im und ums Projekt merkt das: Sie habens drauf und im Griff, lassen sich keine Märchen erzählen, beherrschen ihr Projekt, haben den vollen Überblick und zufriedene, produktive Teammitglieder. Sie lassen sich von den verbreiteten Lügen nicht ihr Projekt ausbremsen oder kaputtmachen. Sie kennen die Wahrheit, und die Wahrheit macht sie, wie es schon in der Bibel heißt, frei – und erfolgreich. Auch Sie werdens erleben. Auch Sie werden bald zu diesen herausragenden Projektmanagern zählen. Finden Sie die Wahrheit.

Über den Autor

Wenn wir Sie bei Ihrer Wahrheitssuche und Projektarbeit unterstützen können, machen wir das gerne. Nehmen Sie einfach Kontakt mit uns auf:

Wilfried Reiter – Unternehmensentwicklung

Office Germany
Ahornallee 61
D-85283 Wolnzach
Tel.: 0049 84 42-95 53 81
Mob.: 0049 (171) 464 15 96

Office Austria
Bellevuestrasse 66
A-1190 Wien
Tel.: 0043 (1) 3200 339
Mob.: 0043 (664) 834 91 93
Web.: www.in2ition.de